Silke Aichhorn · Lebenslänglich Frohlocken

Silke Aichhorn

LEBENSLÄNGLICH FROHLOCKEN

Skurriles aus dem Alltag einer Harfenistin

Inhalt

Vorwort

Verehrte Leserin, verehrter Leser!
Herzlichen Glückwunsch zum Kauf dieses Buches!
Mit „Lebenslänglich Frohlocken" möchte ich Sie mitnehmen in
meinen musikalischen Alltag. Ich bin mir fast sicher, dass Sie hinterher sagen werden: „So habe ich mir das aber nicht vorgestellt!"
Zu Ihrer Beruhigung: Mir geht es regelmäßig ganz ähnlich! Um mir
den Besuch beim Psychologen zu ersparen, habe ich einige Erleb-
nisse zu Papier gebracht.
Das Bild, das Sie wahrscheinlich von einer verträumt klampfenden
Harfenistin haben, entspricht nur bedingt der Realität. Wahrscheinlich fragen Sie sich während der Lektüre – berechtigterweise – auch
irgendwann, warum ich mir den ganzen Wirbel überhaupt antue?

Die Antworten dafür liegen für mich auf der Hand:
- Ich rechne mir ganz uneigennützig eine Pole-Position bei Petrus
  aus, wenn es dann mal soweit ist.
- Musizieren macht schlau und ist gut zur Vorbeugung gegen
  Demenz.
- Als Musiker lernt man unglaublich verschiedene Menschen ken-
  nen, die einem unabsichtlich zeigen, dass man doch relativ nor-
  mal ist.
- Harfe ist toll!
- Ich begeistere gerne mein Publikum und versuche seit Jahrzehn-
  ten, das Image der Harfe zu entstauben.
- Und mit irgendwas muss auch ich meinen Lebensunterhalt
  finanzieren.

Dass mir dafür vieles nicht irrsinnig genug sein kann, zeigen die
folgenden Geschichten.

Und immer wenn Sie sich fragen: WARUM?, dann denken Sie einfach daran, dass selbstständige Musiker immer auch sehr große Idealisten sind!
Das hilft auf jeden Fall beim Verständnis des Buches.

Ich versichere Ihnen: Alle Ereignisse haben tatsächlich so und nicht anders stattgefunden.
Etwaige Ähnlichkeiten mit tatsächlichen Begebenheiten, lebenden oder verstorbenen Personen konnten somit nicht immer vermieden werden.

Bevor es losgeht, hier noch ein paar Erklärungen, so dass Sie dem Buch problemlos folgen können:

Die Konzertharfe kann wahlweise als „Klampfe", „Baby", „Monster" oder einfach „Instrument" bezeichnet werden.
Gleichzeitig möchte ich Sie jedoch darum bitten, in der Zukunft von eventuellen verbalen Entgleisungen wie „Gerät", „Eierschneider" oder „Gartenzaun" Abstand zu nehmen.

Als Harfenspieler muss man nicht zwingend blond sein und ja, eine Harfe kann auch ohne vergoldete Säule schön klingen.

Gerade für Harfenspieler ist die „Bethlehem-Rallye" die Zeit vor Weihnachten, in der sie besinnlich bzw. eher besinnungslos von Stille zu Stille hetzen.

Meine Konzertharfe hat 47 Saiten und 7 Pedale, die man mit acht Fingern und zwei Füßen zum Erklingen bringt. Der aus Hals, Säule und Resonanzkörper bestehende reine Holzrahmen muss eine Spannung von 1,5 Tonnen aushalten.

8

Die Harfe wiegt 40 Kilo und jedes einzelne davon kostet aktuell 925.- Euro.

Für den Transport wird das Instrument weder auseinandergebaut noch zusammengeklappt, dafür aber dick eingepackt und so lässt es sich gut auf einem speziellen Harfensackkarren befördern.
(Ja, danke der Nachfrage, ich habe mir vorher genau überlegt, dass ich nicht Flöte spielen will!)

Jeder Transport ist für die Harfe (sowie im fortgeschrittenen Alter auch für die Harfenistin) eine Belastung. Und so verlieren beide täglich an Spannkraft und Wert.
Wenn das Lebensende erreicht ist, kann man zumindest die Harfe noch gut für ein dekoratives Feuerchen verwenden.

Apropos Feuer – eines meiner Lieblingsthemen im Buch sind „Gruftmuggen", also das „Musizieren bei Beerdigungen".
Zusätzlich erfahren Sie Informatives und Wissenswertes zur Harfenlogistik, überspannten Bräuten, meinem Konzert bei Papst Benedikt XVI. und vieles mehr!

Viel Spaß beim Lesen wünscht Ihnen Ihre

Silke Aichhorn

Der Dritte Mann

Ich bekomme eine E-Mail aus dem Sekretariat eines großen deutschen Konzerns: Ob ich in fünf Tagen eine Hochzeit an einem bayerischen See musikalisch umrahmen könnte?
Selbstverständlich kann ich, auch wenn Hochzeiten nicht zu meinen Lieblingsmuggen zählen. Aber in Anbetracht der kurzen Zeit bis zum Festtag, sind überzogene Forderungen, hysterische Organisationsanrufe von Braut, Brautmutter, Schwiegermutter oder Trauzeugen sowie eingeforderte Musikstückpräsentationen meinerseits nicht mehr zu erwarten.
Die Mail kurz danach, mit der Frage, ob ich auch im Dirndl Volksmusik spielen könnte, bringt mich ebenfalls nicht in Wallung. Selbstverständlich kann ich!
Die nächste Nachricht, drei Stunden später, zieht dann aber die Absage nach sich. Sie hätten jetzt ein Streichquartett engagiert. Wahrscheinlich in Originalkostümen aus der Mozartzeit ...

Vier Tage später. Es ist Sonntagabend. Zusammen mit Familie und Freunden sitze ich im Biergarten.
Um 19:45 Uhr läutet mein Handy. Die leicht gehetzt wirkende Assistentin der Geschäftsführerin des großen deutschen Konzerns ist am Apparat. Ihre Chefin - sie ist gleichzeitig die Mutter des Bräutigams - hätte jetzt doch gerne, dass ich am nächsten Morgen um 10 Uhr bei der Trauung spielen soll. Und zwar den Andachtsjodler. Eigentlich liegt mir das Argument vom fehlenden Jodeldiplom auf der Zunge, aber selbst und ständig, wie ich nun mal bin, sage ich das Gewünschte für 14 Stunden später zu.

Andachtsjodler, gezupft statt gejodelt – wer's mag ...
Das Internet liefert mir die Noten und schnell ist das Arrangement

11

fertig. Da die große Harfe schon im Auto ist, probiere ich meine Ideen auf der kleinen Volksharfe. Alles perfekt.

22 Uhr, ich möchte ins Bett. Aber mein Handy klingelt.
Die Konzernchefin selbst ist am Apparat.

„Guten Abend, hier ist Frau XY, Sie spielen ja morgen früh den Andachtsjodler. Und zum Rausgehen der Braut dann den „Dritten Mann", Sie wissen schon."
Mein zögerlicher Einwand, ob das denn thematisch zusammenpassen würde, wird mit einem „Wir haben da eine spezielle Verbindung dazu", abgeschmettert.
Aha.
„Sie sind dann um 9 Uhr da!" - „Äh, ich dachte, um halb zehn" - „Nein, um 9 Uhr, falls etwas schief geht!"
Ich liebe klare Ansagen, vor allem um diese Uhrzeit ...
Mein Kommentar, dass ich noch gar nicht wisse, ob das auf der Harfe überhaupt zu spielen sei (und vor allem nicht in zwölf Stunden), geht in einem „Dann bis morgen" und dem darauffolgenden Tuten unter.
Aber, ich bin ja, wie gesagt, sehr flexibel. In diesem Fall gezwungenermaßen.

Die Musiknoten von Harry Limes aus dem in Wien spielenden Thriller „Der Dritte Mann" ist glücklicherweise gegen Bezahlung downloadbar. Mit viel Tippex und Farbe versuche ich, die originale Zitherstimme in eine spielbare Harfenversion zu verwandeln.
Kurz vor Mitternacht bin ich fertig und probiere meine Idee - wiederum auf der kleinen Volksharfe - mehrmals aus.
Es klingt erstaunlicherweise ganz passabel und mit Mut zum Risiko werde ich das Ding auch auf der großen Harfe zupfen können.

Am nächsten Morgen, im Dirndl, auf dem Weg zum Hochzeitsort, läutet 10 Kilometer vor Ankunft mein Handy. Eine unbekannte Nummer – da bin ich mal gespannt.

„Frau XY hat Sie doch gestern Abend angerufen?!" flötet eine männliche Stimme aus dem Telefon. Der Herr stellt sich als Assistent der Konzernchefin vor.

„Ja, wir haben um 22 Uhr telefoniert."

Die Chefin hätte die ganze Nacht darüber nachgedacht, aber der „Dritte Mann" käme heute doch nicht dran, das könne falsch interpretiert werden!

Tatsächlich?

Etwas weinerlich versuche ich es mit „Aber ich habe extra lange daran geübt."

Darauf folgt ein trockenes „Bei uns ist das eben so!"

Was soll's, dann halt nur zwei Minuten Andachtsjodler.

Sie ahnen es, es sollte nicht beim Kurzeinsatz bleiben.

Im Standesamt angekommen, suche ich mir den schönsten Security-Mann und wuchte mit ihm die Harfe in den aufzugslosen ersten Stock. Als ich mit meinem restlichen Equipment zum zweiten Mal in den Saal komme, steht Madame persönlich darin und hantiert an einem üppigen Blumenbouquet in Herzform, das auf dem riesigen Tisch liegt.

Ich lasse ein wohlerzogenes „Guten Morgen, Frau XY" hören- und bekomme erstmal keine Antwort. Ist klar, so ein Bouquet kann einen schon von Banalerem ablenken.

Ich starte einen zweiten Versuch.

„Guten Morgen, ich bin die Harfenistin!"

Ohne mich anzusehen, deutet sie in die hinterste Ecke und faucht: „Sie sitzen DA!"

Danke, sehr freundlich.

Gut, dass es keinen angeschlossenen Nebenraum gibt, sonst hätte sie mich wohl dorthin verbannt.

Dann kommt ansatzlos folgende Ansage: „Und Sie spielen den Andachtsjodler zur Trauung! Wir haben da eine sehr spezielle Verbindung dazu! Und zum Schluss noch ein LIEBESLIED!!! Der „Dritte Mann" kommt ja heute nicht dran, ich habe mir das überlegt!"

Sehr wohl.

Während ich anfange, meine Harfe zu stimmen, merke ich, dass ich wirklich nur eine Randnotiz bin, denn es beginnen die Verhandlungen über den Blumenschmuck auf dem riesigen Konferenztisch.

Mit „Die Vase hier muss weg" eröffnet Madame die Konversation mit sich, dem Assistenten und der anwesenden Standesbeamtin.

Letztere ist leider der irrigen Annahme, ganz Herrin der Lage zu sein und erwidert mutig „Die Blumen wurden gerade angeliefert und sind eine Bestellung der Braut."

„Der Strauß" - ein üppiges, 1,50 m hohes Arrangement mit blauem Rittersporn - „ist zu hoch und muss hier weg!"

Ein deutlicher Blick zum gehetzt wirkenden Assistenten und schon müht sich der gute Mann mit dem Schmuckstück ab. Leicht schwankend hebt er das Monstrum auf einen lieblos in der Ecke stehenden Beistelltisch.

Nun kommt das nächste Objekt dran.

Auf dem Konferenztisch befinden sich noch ein herzförmiges Blumengesteck, ein rosa-weiß-farbiges, rundes Gesteck sowie zwei Kerzenständer.

Die Mutter des Bräutigams schiebt die Arrangements hin und her und redet dabei mit sich selbst. Die Standesbeamtin bekommt langsam Hektik-Flecken. Mit einem Blick auf ihre Uhr meint sie durchaus bestimmt: „Wir müssten jetzt dann schon mal anfangen, wir haben ja danach noch eine andere Hochzeit!"

Madame lässt sich tatsächlich überreden, das Blumenbouquet-Kerzenständer-Problem auf später zu verschieben und rauscht, in ihrem rosaroten Glitzerdirndl mit passenden papageifarbenen Pumps, ab.

In der Zwischenzeit ist der Bürgermeister eingetroffen. Ich gebe die Anordnung, den Andachtsjodler zur Trauung zu spielen, an ihn weiter, bis er mich mit einem „Da red' doch ich, da können Sie nicht spielen" abwürgt. Wir einigen uns darauf, dass er mir ein Zeichen für meinen Einsatz gibt.
Nun eilt Assistent Nr. 2 herein, das Handy am Ohr. „Die Kerzenständer müssen weg", nuschelt er und legt selbst Hand an.
Auf dem Tisch: NOCH zwei Bouquets.
Die mittlerweile völlig gestresste Standesbeamtin versuche ich mit einem „Im Garten des Herrn gibt es eben viele Geschöpfe" zu trösten. Trocken meint sie nur „Ja schon, aber warum müssen die alle hierher kommen ...?"

Aber jetzt: großer Bahnhof!
Der Herr Sohn wird zusammen mit seinen Freunden per Schiff angeliefert. Madame Mutter steht malerisch am Dampfersteg (umgeben von mehreren Kameraleuten, die dem Ganzen einen wirklich intimen und persönlichen Charakter verleihen ...) und empfängt mit dramatischer Geste den zu vermählenden Sohn. Beifall brandet auf.
Und schon das nächste Highlight.
Die zukünftige Schwiegertochter wird, stehend in einem italienischen Oldtimer und aus dem geöffneten Schiebedach winkend, hergekarrt.
Im hellblauen Trachtenkostüm, zart lächelnd, hält sie im Arm einen mittelgroßen und etwas dickbäuchigen Hund, der zur Feier des Tages ein weißes Schleierkrautkränzchen um den Hals tragen darf.
Ich bin verwirrt.

Stellt das arme Tier den Brautstraußersatz dar? Wird ihn die Braut nach der Trauung hinter sich werfen?

Es ist definitiv keine gut fliegende Zwergrasse. Und selbst wenn, wäre das tierschutzrechtlich überhaupt vertretbar? Fragen über Fragen rauschen mir durch den Kopf.

Aber schnell zurück ins Zeremonienzimmer, wo jetzt diverse Kameraleute und Fotografen sowie ein Großteil der Gäste eintreffen. Ich erkenne den einen oder anderen, weil ich mich regelmäßig mit einem Klatschblatt weiterbilde.

Mehrere Brautjungfern (Jungfern ist eher relativ, eine ist sehr schwanger), tragen ähnliche, rot-weiß-karierte Dirndlschürzen mit angenähten Herzchen.

Allerliebst.

Da sehe ich Madame hereinhuschen. Sie packt das rosa-weiße Bouquet, von dem ich mittlerweile weiß, dass es das Geschenk der Brautmutter ist, und verfrachtet es kurzerhand aufs Fensterbrett.

Ein geschickter Schachzug!

Als die asiatische Schwiegermutter wenig später den Raum betritt, gleitet ihr Blick suchend über den Tisch und durch das Zimmer. Ich verrate ihr vorsichtshalber nicht, wo das Ding steht. Loyalität zum Arbeitgeber, oder so.

Halb verdeckt, hinter einem Vorhang und wenig später ganz verdeckt von stehenden Gästen, ist es komplett von der Bildfläche verschwunden.

Langsam kehrt Ruhe ein, die Spannung im Raum steigt.

Der Tisch ist jetzt nur noch mit einem einsamen herzförmigen Bouquet verziert.

Sie können sich mittlerweile ja denken, wer für dessen Bestellung verantwortlich war.

Das Brautpaar ist im Anmarsch und der nächste Knaller ereilt mich. Vor mir steht das rosafarbene Glitzerdirndl, umgeben von einer dreilagigen Parfumwolke. Ich höre den Befehl: „Und dann spielen Sie jetzt den Brautmarsch, Sie wissen schon!"

Flexibilität? Gerne! Aber nicht jetzt!

Hätte sie es gestern Abend bei mir bestellt, dann hätte ich das Stück noch üben und die Noten mitnehmen können. Aber 30 Sekunden vor dem Auftritt der zu Vermählenden ist das dann doch ein bisschen knapp.

Ich blättere einmal pro forma durch meine Noten und sage dann nur sehr bestimmt „Ich spiele jetzt den Einmarsch der Königin von Saba, der ist total berühmt und den kennt jeder!"

Und es geht auch sofort los. Vier Zeilen Musik reichen - von der Tür bis zum Tisch sind es zwei Meter für das Brautpaar.

Nach dem Austausch der Formalitäten beginnt eine ziemlich langweilige Ansprache, meine Gedanken schweifen ab.

Gegenüber von mir, in der Nähe der umplatzierten Ritterspornvase, beginnt ein sehr kleines Baby zu plärren. Die Mutter reicht das Kind mit einigem Getue der zur Hilfe geeilten Nanny. Diese versucht nun umständlich - und „ganz ohne zu stören" - an den Kameraleuten vorbeizukommen. Alles nicht so einfach. Ich, selbst Mutter, bin völlig gefangen von den Nöten des schreienden Zwerges.

Da höre ich plötzlich von links eine Männerstimme „Ich schaue sie an, aber sie schaut mich nicht an!"

Mist, da war doch was. Der Bürgermeister! Mein Andachtsjodler - Einsatz! Voll verpasst!

Möglichst huldvoll und tief atmend, um die Röte in meinem Gesicht etwas zu zügeln, gebe ich das bekannte Volkslied zum Besten. Die Zeremonie nähert sich dem Ende.

Pünktlich zum Schlusswort spiele ich das angeforderte LIEBESLIED und hänge sogleich noch fünf Stücke dran, damit die Chefin ja nicht auf die Idee kommt, doch noch den „Dritten Mann" hören zu wollen. Beim Einspielen im Standesamt hatte ich nämlich gemerkt, dass das am Vorabend geübte Stück nur auf der kleinen Harfe, nicht aber auf der mitgebrachten großen Klampfe seriös klang. Ich spiele eben doch keine Zither, obwohl viele Menschen meinen, das wäre dasselbe. Wer hätte gedacht, dass mir Madame mit ihrer nächtlichen Entscheidung gegen die Krimimusik, intuitiv einige Peinlichkeiten erspart hat?!

Als ich dann draußen, unter dem Fenster, die löffelschlagende Volksmusik-Konkurrenz höre, steht die Bräutigam-Mutter auf einmal vor mir: „Das reicht jetzt, danke!"

Moderne Leibeigenschaft ist doch was Schönes. Und eine gewisse Flexibilität erleichtert auch Tage wie diese ...

Aus der „Lustigen Witwe"

Wenn mein zweites Ich, also mein Handy, läutet und im Display der Name des Bestatters meines Vertrauens erscheint, ist grundsätzlich mein erster Gedanke:
Hoffentlich stimmt das Timing!
Dass die Harfe universell einsetzbar ist, wissen die wenigsten.
Jedoch gehört der direkte Draht nach oben quasi zur Berufsbeschreibung, und so ist es kein Wunder, dass auch „Gruftmuggen" zu meinem Betätigungsfeld gehören.
Sie stutzen?
Mugge leitet sich von „Musik gegen Geld" oder „Musikalisches Gelegenheits-Geschäft" ab; Gruft bezieht sich in diesem Fall nicht auf Grufties, sondern auf den Aufbewahrungsort von Restbestandteil-Behältnissen, wie Urne oder Sarg, auf Friedhöfen.
Es klingt vielleicht komisch, aber ich umrahme solche Anlässe sehr gerne, auch wenn es mir nicht immer leichtfällt.

Zurück zu meinem Handy.
Der Bestatter meines Vertrauens, dessen Nummer ich gespeichert habe (der andere ortsansässige Leichenversorger ruft immer unter „anonym" an - da ist die mentale Kurzvorbereitung unmöglich), fragt:
„Du, Griasdi! Konnst du eigentlich a an Woiza?"
(zu Deutsch: „Hallo! Bist du auch in der Lage, einen Walzer auf deinem Instrument zu klampfen?")
„Äh, ja klar!"
(Im Geiste gehe ich mein Gruftmuggen-affines Repertoire durch, es schaut schlecht aus mit Musik im Walzertakt. Zu lang, zu schwer, zu virtuos, zu modern.)
„Wann ist denn die Beerdigung?"

„Ja genau, des is' des Problem! Die Tochter hätt' gern, dass die Beerdigung an einem Mittwochnachmittag stattfindet, weil sie dann ihr Geschäft zusperren könnte.

Aber ... (bedeutungsvolle Pause):

Die demnächst zu begrabende Mutter ist noch gar nicht gestorben. Und weil die Mama den Wiener Walzer so liebt, wünscht sich der organisatorisch voreilige Nachwuchs also was im ¾-Takt."

Aha.

Ich verspreche ihm, mich um die Musik zu kümmern und er sagt mir einen Anruf zu, sobald meine Dienste benötigt werden. Wie gesagt, vorzugsweise an einem Mittwochnachmittag.

Einen Tag später gibt er Bescheid, es wäre jetzt soweit.

Die betagte Dame hat sich nicht an die Ruhezeiten des Hauses gehalten, die Beerdigung findet an einem Montag statt.

Ein Wiener Walzer muss her - und ich werde fündig bei der „Lustigen Witwe" von Franz Lehar.

Am Sonntag, erneuter Anruf, diesmal von der hinterbliebenen Tochter.

Sie hätte gerne, dass ich am nächsten Tag direkt am Grab spiele.

Nach umfangreichen Beileidsbekundungen meinerseits, versuche ich, Mitleid für meine Harfe zu bekommen. Es ist Regen angesagt – das geht nun einmal nicht mit dem teuren Holzinstrument. Wir einigen uns umständlich auf „Wiener Walzer" beim Hinaustragen des Sarges aus der Kirche.

Fünf Minuten später, ein weiterer Anruf:

„Also!", zwitschert es aus dem Hörer, sie hätte gerade in Wetter online nachgeschaut und da würde genau an diesem Ort innerhalb eines kleinen Zeitfensters die Sonne scheinen!

Eigentlich unvorstellbar, es schüttet seit Tagen.

Mein Einwand, dass selbst hohe Luftfeuchtigkeit nichts für mein Baby sei, gleitet an ihr wie an einer frisch imprägnierten Gore-Tex-

Jacke ab.

Ihr Schluss-Kommentar lautet dann: „Ich lasse eh einen Sonnen-schirm hinstellen, falls es doch ein paar Tröpfchen regnen sollte."
Was soll man da noch sagen?

Es ist Montag, es regnet. Meine große Harfe ist im Auto, zusätz-lich hole ich mir noch meine kleinere und robustere Volksharfe aus dem 2. Stock der Musikschule. Diese leidet dort gerade unter einer Presslufthammer-Staub-Fenster-Erneuerungs-Baustelle. Der Aus-flug an die frische Luft wird ihr hoffentlich guttun.
Insgesamt ist der Zeitplan für mich gerade heute aber einfach un-passend.
Denn Zuhause liegt ein frisch operierter, leidender Mann, der ver-wöhnt werden will. Unsere kleine Tochter dagegen war seit Tagen nicht auf der Toilette und ist dementsprechend gereizt. Kurzum, ich werde gebraucht. Dann fällt meiner Schwiegermutter ein, dass sie dringend noch zusätzliches Fleisch fürs Gulasch benötigt, das ich ihr bringen solle. Als sie später nochmal anruft, hat sie festgestellt, dass doch nicht so viele zum Essen gekommen sind und es leicht gereicht hätte. Aber da hatte ich mich dann schon abgehetzt und den Metzger zwischen Musikschule und Gruftmugge geschoben.

Zurück zum Job:
Die Kirche liegt malerisch in der Nähe eines kleinen Dorfes, zuver-lässig erreichbar über einen holprigen Feldweg. Die Wiese ist nass, das Gotteshaus ist noch zugesperrt.
Als erstes stimme ich also meine Volksharfe, und zwar auf der Säule liegend, im Auto. Also, die Harfe, auf der Säule liegend, nicht ich!
Das habe ich so auch noch nicht gemacht, geht aber ganz gut.
Gerade als ich fertig bin, trifft der Bestatter ein. Er bekommt auch gleich eine Einweisung von mir, wie er meine Harfe unbedingt erst

ganz kurz vor Schluss der Beerdigung, ins Freie zu stellen hat. Noch nieselt es.

Zum Glück ist direkt am Grab kein Platz, aber immerhin steht dort tatsächlich, wie angekündigt, ein einsamer Sonnenschirm im Matsch.

Ich erlaube mir die Freiheit, den Standort für meine Harfe während der Beerdigung selbst zu wählen und entscheide mich für einen betonierten Kanaldeckel in 15 Meter Entfernung zum Grab. Der Rest der Wiese hat nämlich eine leichte Hanglage und der Regen der letzten Tage hat seine Spuren hinterlassen.

Starten wird die Zeremonie ohnehin in der Kirche.

Diese ist winzig. Zuerst schaffe ich meine Konzertharfe hinein, der danach vom Bestatter angelieferte Sarg füllt den kompletten Mittelgang aus. Die Sakristei kann man nur durch das Gotteshaus betreten und hat gar keine eigene Türe nach draußen. Zum Glück habe ich intuitiv die 2-Harfen-Variante gewählt. Eine steht jetzt drinnen, die andere - wenn der Bestatter verläßlich arbeitet – dann auch draußen bereit.

Das alte Gemäuer ist unglaublich feucht, so dass ich meine Harfe dreimal hintereinander stimmen muss bis es einigermaßen anhörbar ist.

Pfarrer und Mesnerin sind schon in der Sakristei damit beschäftigt, sich über die kontrollwütige Tochter auszulassen. „Ich hätte sie erwürgen können" ist gefolgt von einem „Aber man muss da aufpassen, was man sagt, die sind ja im Gemeinderat…!"

Die Messe verläuft normal, jetzt geht es an die Beerdigung. Der Sarg wird aus dem engen Mittelgang gezerrt, ich quetsche mich an allen vorbei und laufe, entgegen der Trauergemeinde, um die Kirche herum. Meine zweite Harfe ist da und, siehe da, die Sonne auch.

Gerade als ich hinter meiner Harfe Platz genommen habe, raunt mir schon der Pfarrer im Vorbeigehen ins Ohr:

„Können Sie auch zwei Stücke spielen?"

Äh, eigentlich nein - sämtliche anderen Noten sind in der Kirche, ich habe nur den einen Walzer dabei- aber doch klar, ich bin ja so flexibel! Dann muss dieser eine Walzer eben geteilt werden.

Leider sehe ich vor lauter Menschen nicht direkt, was am Grab passiert.

Also spiele ich zuerst nur das Walzermedley aus der Operette „Die Lustige Witwe" und in dem Moment, in dem ich die Sarglege vermute, den Walzer aus „Geschichten aus dem Wienerwald".

Dass der Pfarrer ein Musikstück im ¾-Takt am Grab an sich doof fand, lassen wir jetzt mal dahingestellt.

Ich bin fertig und lehne mich etwas erschöpft zurück, als sich eine Frau, die 30 cm hinter mir steht (und die ich schon kurz vorher bei meinem Run aus der Kirche zur Harfe abschütteln musste) über mich beugt und überlaut sagt:

„Also, ich bin aus München von der Pfarrgemeinde, in der die Verstorbene früher die Pfarrsekretärin war und habe erst um 12.30 Uhr(!) erfahren, dass heute um 14 Uhr die Beerdigung ist. Ich habe mich jetzt fürchterlich hetzen müssen, bin völlig verschwitzt und warum bin ausgerechnet ich so spät informiert worden?"

Ich schaue sie an und frage konsterniert, aber in angemessenem Flüsterton und vielleicht etwas spitz, was denn ich damit zu tun hätte?

Darauf erklärt sie mir, dass sie gehört habe, dass die Tochter der Verstorbenen Harfe spielen würde und ich das doch daher wissen müsse!

„Entschuldigung, aber ich bin nicht die Tochter. Außerdem kenne ich die Familie gar nicht persönlich."

Die resolute Dame gibt sich aber damit nicht zufrieden. Sie stapft auf den Pfarrer zu, der gerade das Grab verlässt, und versucht, bei ihm ihrer Empörung Luft zu machen.

Schön laut, mitten in der Trauergemeinde und: bei strahlendem Sonnenschein!

Abenteuer rechtsrheinisch

Als ich noch jünger war, fuhren meine Harfe und ich ab und zu auch im Zug zum Konzert.

So auch an diesem Tag, es sollte nach Koblenz gehen. Bis Mainz funktionierte bei der Bahn alles problemlos. Ich hatte den netten Kontrolleur überzeugen können, dass mein dick verpacktes „Härfchen" kein Surfbrett ist und auch eine nette Zugbegleiterin konnte ich aufklären und beruhigen, als sie zuvor mit einem „Gehört das Cello im Großraumwagen Ihnen?" auf mich zugestürmt kam.

Nach längerer Wartezeit in Mainz ertönte eine Durchsage: „Wegen Schäden an der Oberleitung muss der Zug statt über Bingen jetzt über Wiesbaden und dann rechtsrheinisch geleitet werden!"
Mein Zeitbudget war großzügig bemessen, ich war entspannt.
Die Strecke durch den Rheingau ist sehr malerisch. Die im Zug anwesenden Touristen aus Fernost knipsten, was das Zeug hielt - die Zuggeschwindigkeit entsprach nicht annähernd der eines ICE.
Wir ruckelten so dahin, wie Henriette Bimmelbahn aus meinem Lieblingskinderbuch, bis ein Ruck durch den Zug ging.
Kichern hinter vorgehaltenen Händen, genervtes Stöhnen beim Herrn gegenüber.
Bis zum Konzert hatte ich noch etwas mehr als zwei Stunden, das passte schon.
Nach 15 Minuten die nächste Durchsage: „Leider verhindert ein Brand im Tunnel vor uns die Weiterfahrt. Bitte warten Sie auf weitere Informationen!"
Ich machte mich auf die Suche nach der Zugbegleiterin und fand sie einige Waggons weiter, umringt von Fahrgästen.
Meine Frage, wo wir denn hier eigentlich genau seien, beantwortete

sie mit einem hektischen: „Das weiß ich doch nicht!"

„Ja, äh, könnten Sie das vielleicht für mich rausfinden? Ich habe nämlich heute noch ein Konzert und dann müsste ich eventuell zeitnah hier aussteigen."

„Aussteigen? Hier?" Ihre Stimme schraubte sich sofort eine Oktave nach oben. Es bildeten sich die ersten roten Flecken im, vom Halstuch der Deutschen Bahn kokett in Szene gesetzten, Dekolleté.

„Sie können hier nicht aussteigen, da kommen auf dem anderen Gleis Züge von vorne!"

Ich wendete ein, dass es doch im Tunnel vor uns brennen würde und dass dann doch wohl eher kein Zug aus dieser Richtung käme. Sie schaute mich an wie die berühmte Schwalbe, wenn es blitzt, aber mein Argument zeigte tatsächlich Wirkung!

Sie würde sich jetzt mal um eine Standortanalyse kümmern und verschwand in Richtung Lokführer.

Vielleicht sollte ich anfügen, dass wir uns damals in einer Zeit befanden, in der es zwar schon Handys gab, diese aber das Gewicht und auch fast die Größe einer Würfelzuckerpackung hatten. Mister Google war noch unbekannt und das Satellitenortungssystem GPS verwendeten vor allem Weltumsegler.

Draußen war es bereits dunkler geworden. Bis zu meinem Konzert waren es jetzt noch 90 Minuten und geschätzt mindestens 50 Kilometer.

Die Zugbegleiterin blieb verschwunden; es half nichts, ich ging auf die Suche nach ihr. In ihrem Kabäuschen trieb ich sie auf; ich glaube, sie stand kurz vor einem Heulkrampf.

Aber: Sie hatte tatsächlich einen Standort eruieren können! Dieser läge zwar am gegenüberliegenden Rheinufer, aber das könnte doch zumindest als Anhaltspunkt dienen, „meinen Sie nicht?"

Jetzt musste ich mir einen Plan B einfallen lassen: Ich rief mit meinem würfelzuckerpackungsgroßen Handy bei der Telefonauskunft

an und wollte mir ein Taxiunternehmen im genannten Ort geben lassen.
Erinnern Sie sich noch an die Telefonauskunft?
Genau.
Es konnte dauern. Gerne auch mal länger.
Der Gebührenzähler rauschte in meinem Handy.

Kurze Exkursion:
Ich komme mir ja sehr oft in meinem Leben vor wie diese kleine Häsin im Disney-Zeichentrickfilm „Zoomania".
Kennen Sie die Szene, in der die hektische Nagerin für einen Auftrag als Polizistin dringendst eine Auskunft auf der Zulassungsstelle braucht? Sie rast also hinein und blubbert in atemberaubendem Tempo: „Hallo, könnten Sie mir bitte ganz, ganz dringend folgendes Kennzeichen raussuchen? Es ist schrecklich eilig!"
Erst dann schaut sie auf und sieht, dass hinter dem für sie zuständigen Schalter ein bedächtig nickendes und langsam „Hello" artikulierendes Faultier sitzt.

Aber zurück zum Rhein.
Im stehenden Zug an seinen Ufern sitzend, bekam ich nun von der Telefonauskunftsdame die Mitteilung, dass es den von mir genannten Ort gar nicht gäbe.
Aha.
Wir buchstabierten uns gegenseitig etwas vor, irgendwann einigten wir uns auf ein Kaff, das so ähnlich klingt und am Rhein in der Nähe des Loreley-Felsens liegt.
Ich hätte es mir denken können! Die Loreley! Da sitzt dieses dralle, blonde Gift auf ihrem Felsen und schikaniert die lebenslänglich frohlockende Konkurrenz zu ihren Füßen.
Aber ich bekam jetzt immerhin eine Telefonnummer des Taxiun-

ternehmens, bei dem ich sofort mit der Bitte um ein Großraum-
oder Kombitaxi anrief. „Ja, gerne" zwitscherte mein Gegenüber,
„und wohin bitte?"

Tja, was sollte ich da jetzt sagen?!

Etwa so? „Treffpunkt an der Bahnlinie zwischen dem Fähranleger
nach Bingen und dem Tunnel, in dem es brennt!?

Das Ganze liegt gegenüber eines Ortes, von dem ich mir nicht ganz
sicher bin, wie er heißt!?"

Genau das sagte ich! Und ergänzte, dass ich praktischerweise eine
Harfe dabei hätte, mit der man mich ganz sicher sehen würde, wenn
ich an der Uferstraße stehen würde.

Etwas zögerlich wiederholte die Dame meine Angaben. Den Hinweis, dass es mir langsam dezent pressieren würde, nahm sie gnädig
zur Kenntnis.

„Ich werde jemanden schicken", kam huldvoll aus dem Hörer.

Zurück im Großraumwagen aktivierte ich jetzt einige Männer und
erklärte ihnen, was sie zu tun hätten:

„Wir müssen die Harfe aus dem (sehr hohen) Waggon heben, über
das Gleis - auf dem jetzt ja theoretisch kein Zug kommen kann -
tragen, dann den Bahndamm hoch und auf der anderen Seite wieder hinunter."

Während durch den Tumult auch die Touristen aus Fernost aus ihrer Lethargie erwachten, hörten wir eine Durchsage:

„Meine Damen und Herren, aufgrund des Zwischenfalls vor uns
sind wir leider gezwungen, in einigen Minuten wieder zurück nach
Wiesbaden zu fahren! Wir entschuldigen uns für die Unannehmlichkeiten!"

Wow, jetzt pressierte es aber!

Die Zugbegleiterin öffnete äußerst widerwillig die Tür, die Herren
wuchteten unter meiner Anweisung mein Baby an die frische Luft.

Das Publikum hing begeistert an den Zugfenstern!

Schnell, im Dunkeln über das Gleisbett, Harfe nach oben, dann plötzlich Geschrei und wildes Gestikulieren der Bahndame in der Zugtür! Meine Helfer legten einen Sprint hin und sprangen wieder in den Waggon, der schon Sekunden später losruckelte, zurück nach Wiesbaden.
Der mitleidige Blick der Zugbegleiterin durch die sich schließende Tür begleitete mich noch tagelang.

Jetzt erst einmal Durchschnaufen bitte!
Noch 75 Minuten bis zum Konzert. Die Kilometer, die uns trennten, waren mehr oder weniger unverändert. Dank des besten Harfenwägelchens der Welt, ohne das ich das Haus quasi selten verlasse, schob ich mein Instrument etwas mühsam, aber unbeschadet, zur Straße.
Es war schön hier. Eine einsame Straßenlampe erhellte zart die Gegend, ich roch den Rhein neben mir. Kein Auto, kein Haus, nichts. Ach doch, ich hörte in der Ferne einen Frachter auf dem Wasser tuckern.
Jetzt konnte mal ein Anruf beim Veranstalter nicht schaden.
Mit „Ich bin zwar leicht verspätet, aber im Anrollen" versuchte ich eine entspannte Atmosphäre zu schaffen. Er stieg voll darauf ein und versicherte mir, wie sehr sich er und das Publikum des ausverkauften Konzertes auf mich freuen würden!
„Ja, ich mich auch!" – wenn es denn heute noch so weit kommen sollte.
Ich versprach, mich wieder zu melden und widmete in der Folge meine ganze Kraft einem Taxi-Mantra: „Taxi, Taxi, Taxi! Und bitte eines, wo die Harfe dann auch reinpasst!"
Es waren bereits 10 Minuten seit meinem spektakulären Ausstieg vergangen, da näherten sich Scheinwerfer. Ich konnte mein Glück kaum fassen!

Das Auto schlich heran - und fuhr an mir vorbei.

Eine erste leichte mentale Krise deutete sich an.

Ein erneuter Anruf beim Taxiunternehmen: „Ja, der Kollege ist schon losgefahren!"

Ein Stoßgebet nach oben - ich bin schließlich immer in himmlischer Mission unterwegs.

Und: Ich glaubte es nicht! Das nächste Auto näherte sich, fuhr vorbei, bremste, fuhr weiter, bremste, wendete und blieb neben mir stehen. Selten so frohlockt!

„Das ist aber nicht da, wo ich hingeschickt wurde" nörgelte mich der ältere Herr aus dem heruntergekurbelten Fenster an.

Darauf konnte ich in dem Moment leider nicht näher eingehen, ich hatte schon den Kofferraumdeckel aufgerissen und checkte in Windeseile die Platzmöglichkeiten für die Klampfe ab. Danke wieder einmal, liebe Mami und lieber Papi, für meine lösungsorientierte Erziehung im Sechs-Kinder-Haushalt!

Ruckzuck verlud ich neben dem leicht irritiert wirkenden Fahrer die Harfe und keuchte ihn dann an: „Nach Engers bei Koblenz, aber bitte so schnell wie irgendwie möglich, mein Konzert beginnt in 60 Minuten!"

Und obwohl es rechtsrheinisch keine Autobahn gibt, drückte der Mann aufs Gas! Bei seinem Alter, Respekt.

In den folgenden 55 Minuten telefonierte ich mehrmals mit dem Veranstalter und redete beruhigend auf ihn ein.

Fünf Minuten vor Konzertbeginn hechtete ich in den Saal. Einspielen, Schminken sowie Harfe gut temperieren, mussten heute leider ausfallen.

Etwas atemlos stimmte ich mein Baby kurz durch und nach einem Sprung ins Abendkleid zupfte ich auch schon mit verträumtem Blick, sehr zur Freude des Publikums, an meinem Himmelsinstrument.

„Luja, sog I, des war knapp!"

Flexibilität

Flexibilität im Musikeralltag bedeutet zum Beispiel, dass man schnelle Entscheidungen treffen muss.

Oder wie würden Sie reagieren, wenn der wirklich sehr alte Pfarrer zuerst mit seinem voluminösen Messgewand einen 1 Meter großen Kerzenständer mit brennender Kerze zwischen Altar und mir im Vorübergehen umreißt (übrigens ohne dabei in Flammen aufzugehen) und dann am Ende eines wirklich schönen Harfenstückes mit geschlossenen Augen bewegungslos auf seinem Stuhl verharrt? Ich bin ja vieles gewohnt. Mein Mann zum Beispiel schläft grundsätzlich ein, wenn ich übe.

Aber erstens hatte ich im Fall dieses Pfarrers nicht geübt, sondern die Gruftmugge sehr ordentlich und professionell gespielt und zweitens warteten die Angehörigen darauf, dass die Beerdigung weiterging.

Hier war also jetzt dringend Flexibilität gefragt!

Der Mesner, von dem ich mir in dieser Situation Rettung erhoffte, war nicht zu sehen und bevor das Publikum unruhig wurde, zupfte ich dann eben noch ein kleines Stück.

Während ich spielte, überlegte ich, ob der Pfarrer möglicherweise in einer Art katholischem Vorruhestand sein könnte und deshalb derartige Pausen zu seiner Jobbeschreibung gehörten.

Den Schluss des Stückes gestaltete ich nun absichtlich etwas lauter. Die erhoffte Wirkung trat ein. Der Geistliche zuckte ein wenig, öffnete die Augen und wackelte wieder zum Altar.

Sie sehen, mit etwas Flexibilität hält man die Show am Laufen!

Aus Erfahrung wird man klug, und mittlerweile habe ich bei Gruftmuggen immer ein Repertoire für mindestens 90 Minuten dabei. Man weiß ja nie ...

Kursidyll

Seit meinem 15. Lebensjahr gebe ich Harfenunterricht. Das Spektrum geht vom wöchentlichen Musikschultag über Seminare für Harfenlehrer bis zu Workshops im In-und Ausland.
Meine jüngste Schülerin war fünf Jahre alt, meine älteste 95. Die ältere Dame meinte nach einem Jahr Unterricht zusammenfassend, dass sie doch nicht mehr genügend Fortschritte machen würde. Sie hätte sich mehr von sich selbst erwartet ...

Viele erfüllen sich mit der Harfe einen langersehnten Traum und ich bewundere und unterrichte JEDEN, der sich dieses so komplizierte Saiteninstrument „im Alter", und das heißt bei einem Instrument „ab zwanzig Jahren", antut.

Bei meinen Kursen sind Harfenspieler, vom Anfänger bis zum Profi, eingeladen.
Meist trifft sich bei den Workshops ein Kreis von Damen im fortgeschrittenen Alter und wir nennen das Ganze mittlerweile liebevoll „Betreutes Musizieren".

Ein Kurs fand eine Zeitlang immer in einem idyllisch gelegenen Seminarhaus im Norden der Republik statt. Eine nette Rentnerin kümmerte sich um die Anmeldungen und bewies dabei eine fast unerschütterliche Geduld.
Einmal rief sie mich allerdings an und fragte: „Wenn der Herr XY jetzt noch einmal etwas von mir wegen der Anmeldung seiner Frau möchte, darf ich ihm dann sagen, dass die Gemahlin nicht mehr kommen soll?"
Ich war etwas erstaunt und bekam große Ohren, als ich erfuhr, was sich da alles meiner Kenntnis entzogen hatte:

Der Herr hatte seiner Frau den Kurs zum 30. Hochzeitstag geschenkt.

Dies tat er nach vorheriger Rücksprache mit mir, weil mich beide bei einem Konzert in Hamburg erlebt hatten und so begeistert waren.

Ich bat ihn also, das sofort gemailte Anmeldeformular auszufüllen und an meine Helferin zu schicken.

Weil ich weiß, wie unglaublich schwierig es ist, Formulare komplett zu lesen, zu verstehen und danach „unfallfrei" auszufüllen, habe ich mir größte Mühe bei dessen Erstellung gegeben. Dachte ich ...

Auch die „Frequently Asked Questions", kurz FAQs, sind meiner Meinung nach eigentlich so erklärt, dass ein der deutschen Sprache Mächtiger keine Probleme bei der Interpretation haben sollte. Aber wer liest schon FAQs ...?

Wie auch immer:

Besagter Kunde begann ab dem Zeitpunkt des Ausfüllens des Formulars mit einem Fragenbombardement an meine Kurs-Sekretärin.

Ab Ostern - der Kurs war im Juli - lieferte er seine wöchentlich-grüßt-das-Murmeltier-Nummer bei ihr ab.

Zum Einstieg benötigte er Hilfe beim Ausfüllen des Papiers.

Dann konnte er das Ding zuerst nicht an eine E-Mail anhängen und dann auch nicht ausdrucken. Nur als Info, er war selbstständiger Akademiker.

Meine (bis zu diesem Zeitpunkt noch) unerschütterliche Helferin stand ihm mit Rat und Tat zur Seite, schließlich muss nicht jeder alles können.

Doch danach kamen dringliche Anrufe zu Unzeiten mit folgendem Inhalt:

„Wieso schicken Sie die Kursbestätigung an die E-Mail-Adresse meiner Frau?"

„Weil das die ist, die Sie in dem Formular angegeben haben!"

„Ja, aber der Kurs ist doch ein Geschenk!"

„Dann hätten Sie vielleicht Ihre eigene Adresse angeben sollen!"

„Aber jetzt weiß meine Frau, was der Kurs kostet!"

„???"

Übrigens, alle Infos zu den Kursen wie auch den Preisen und so weiter finden sich auf meiner Webseite. Dafür muss man noch nicht mal beim Geheimdienst oder 007 persönlich sein.

Es ging weiter mit Fragen zum Klavierstuhl. Anscheinend war die Situation für den Angetrauten der Harfenistin so neu und unerwartet, dass es ohne eine intensive Klärung aller möglichen und unmöglichen Optionen nicht ging ...

„Braucht meine Frau einen Hocker?"

„Wie in der Ausschreibung steht, ja, wenn sie nicht auf einem normalen Stuhl des Seminarhauses sitzen will!"

„Aber der braucht so viel Platz im Auto!"

„Dann soll sich Ihre Frau auf eine vor Ort vorhandene Sitzgelegenheit einstellen!"

„Nein, das möchte sie nicht!"

„Dann müssen Sie einen Hocker mitbringen!"

„Danke für den Tipp, dann machen wir das!"

Und so weiter, und so fort...

Ich konnte all diese Probleme gar nicht so recht glauben, aber in der Woche vor Kursbeginn rief der Herr dann auch wieder mal direkt bei mir an. Anscheinend war für eine zufriedenstellende Beantwortung seiner Fragen nur die Chefin selbst kompetent genug, die Aussagen von fleißigen Helfern schienen nichts zu gelten ...

„Meine Frau freut sich schon sehr! Wann fängt denn der Kurs jetzt an?"

„So, wie Ihnen meine Helferin wahrscheinlich bereits in mehreren E-Mails geschrieben hat!"

„Wissen Sie denn die Uhrzeiten nicht auswendig?"

„Ähm, ich bin gerade im Stress, aber ich glaube 15.30 Uhr am Freitag, bis Sonntag nach dem Mittagessen!"

„Ja, stimmt, das ist genau, was mir Ihre Sekretärin geschickt hat!" Ehrlich jetzt?

Schon beim Schreiben dieser Zeilen bekomme ich leichte Zustände. Muss denn wirklich alles von der Chefin wiedergekäut werden? Etwas mühsam, das Ganze. Ich überlegte, ob ich ihm eine „Bearbeitungsgebühr" oder gleich ein Schmerzensgeld in Rechnung stellen sollte.

Der krönende Abschluss war die folgende Frage:

„Benötigen die Teilnehmer für das Wochenende ein Taschengeld?"

Das scheint wahre Liebe zu sein, wenn jedes Detail so genau im Vorfeld geklärt wird.

Die Angetraute entpuppte sich dann als nette, völlig entspannte und mit beiden Beinen im Leben stehende Frau und zweifache Mutter. Sie hatte sich nach dem ersten Workshop übrigens gleich wieder für den nächsten Kurs angemeldet. Und zu unser aller Freude kam der Herr Gemahl dann auch mit, nach eigener Aussage, „weil es im Seminarhaus so unglaublich schön ist!"

Auch dieses Wochenende gelang sehr entspannt, das von mir zur Vorsicht mitgebrachte Beruhigungsmittel musste nicht zum Einsatz kommen ...

Der nächste Kandidat auf meiner Liste der besonderen Vögel hatte mich im Vorfeld angemailt und gefragt, warum meine CDs so schön klingen würden.

Ich wollte darauf nicht sagen, „vielleicht, weil ich so schön spiele?",

und gab deshalb die Mikrophonierung nach dem Geheimrezept meines wunderbaren Tonmeisters Jürgen Hagen als Erklärung an.
Danach wollte der Klang-Fan wissen, wie sich denn diese Spezialmischung an Tonabnehmern und Mikrophon-Fabrikaten präsentieren würde.
Er wäre auch Harfenist und hätte ebenfalls gerne diesen Klang.
Ich verwies ihn an meinen CD-Zauberer, das sollten die Männer untereinander klären.
(Wie zu erwarten war, blieb das Geheimnis in Traunstein ...)

Dann meldete er sich zu einem Kurs bei mir an.
Und da stand er vor mir: riesige Hände und die gleiche Profiharfe wie ich. Naja, nicht ganz gleich. Sein Instrument war extra mit einem goldenen Krönchen verschönert, „pimp your harp", sozusagen ...
Und dann fing er an, zu spielen und ich stutzte.
Wieso klang diese Harfe so entsetzlich schlecht?
Ein Instrument in dieser Preisklasse!
Ich legte selbst Hand an.
Das gab es doch nicht!
Die Diagnose war so schnell wie eindrucksvoll erstellt:
Die ganze Harfe war innen komplett mit Schaumstoff ausgestopft!
Wie soll da was klingen, bitteschön?
Das ist ungefähr so, als ob Sie mit gefülltem Mund versuchen wollten, ordentlich zu singen oder wenigstens zu reden.
Ich rupfte erschüttert das Zeug aus dem Resonanzkörper und wartete auf eine nun wirklich dringend nötige Erklärung.
„Die Harfe wäre sonst so laut gewesen", war die magere Selbstauskunft des Herrn Klangkünstlers.

Und dann gab es noch eine sehr liebe ältere Dame aus einem anderen alpenländischen Kulturkreis.

Auf meine Frage, was sie sich denn vom Kurs so erhoffte, sagte sie in ihrem herrlichen Dialekt:

„Woisch, I hänn so gern, dass es perrrrlt!"

Aha.

„Ja, weil I hänn da was bei dir auf Youtube gsehe bei der Moldau, da schpielst du so schön und da perrrlts ganz fein!"

In der Gedankenblase über meinem Kopf hätte man lesen können: „Ok, ich mache das jetzt schon mehrere Jahrzehnte, da kann es durchaus auch mal perlen ...?!", aber in der realen Sprechblase erschien:

„Dann zeig doch mal, was du schon so kannst!"

Und dann zeigte sie, was sie nach 8 Monaten MIT Unterricht schon so konnte.

Es war leider nicht viel mehr, als ich Ihnen in 5 Minuten jetzt sofort beibringen könnte.

Schade um das bisher eingesetzte Geld und die Zeit.

Beim jahrzehntelangen Unterrichten habe ich schon so ziemlich alles Mögliche und Unmögliche gesehen. Menschen sind eben unterschiedlich und Ziele eilen der Realität gerne mal weit voraus.

Und so suchte ich auch in diesem Fall nach einem schnellen Lösungsansatz.

Dieser lautete:

„Ok, dann lass uns doch mal nach einer schönen Handhaltung schauen. Damit es perrrrlt, braucht es eine gute Technik!"

„Ja weisch, mir sind fünf Fraue' und gehen ab und an ins Altenheim. Die eine spielt mit da Gidarre, die andre mit de Schlaghölzle, zwei singen und I komm mit d'r Harfe. Und da wär's halt schön, wenn es so richtig perrrrlt!"

Wunderbar, wenn man so klare Ziele vor Augen hat!

Bis zum Ende des Kurses waren es vier Einzelstunden mit ihr. Ich nahm mir fest vor, diese ohne Schaden – an der Schülerin, ihrer Harfe und mir - zu überleben.

Am nächsten Morgen überraschte sie mich auf meine Frage, ob sie sich denn schon ein wenig mit der neuen Handhaltung angefreundet hätte, mit dem Kommentar, dass sie nicht geübt, aber dafür a Liadle komponiert hätte, und ob ich das jetzt mal hören wollte? Nein, wollte ich nicht, mir war ihre Fingerposition wichtiger.

Obwohl mein Optimismus fast grenzenlos ist, stelle ich mir doch regelmäßig die Frage: WOZU DAS ALLES?
Aber die nach jedem Kurs strahlenden Teilnehmer geben darauf die Antwort.

Am Ende fuhr auch diese Schülerin glücklich von dannen, im Gepäck ein Heftchen mit vielen handschriftlichen Anmerkungen zu einer perfekten Handhaltung, damit es vielleicht irgendwann schön perrrrlt ...

Drama, Baby!

Von einer netten Agentin bekam ich die Anfrage nach Harfenmusik zu einer Hochzeit.

Der Termin, ein Jahr später, war noch frei und, wie sollte es anders sein: mal wieder lief ein reger E-Mail-Verkehr an.

Zuerst musste sich das Brautpaar - unter Einbeziehung der Agentin und mir - überhaupt klar werden, ob es tatsächlich Harfe sein sollte. Ich schickte verschiedene Mitschnitte, verwies auf Youtube-Videos und mein umfangreiches Repertoire auf den CDs.

Und wer hätte das gedacht, Wochen später ließ mich die Agentin wissen:

„Wir haben uns jetzt, denk' ich, auf die Harfe geeinigt."

Und ich sollte doch bitte eine konkretere Werkauswahl mailen.

Da ich, wie immer, nicht viel um die Ohren hatte, erfüllte ich diese Wünsche selbstverständlich gerne und sofort. Es sollte ja der schönste Tag im Leben des Brautpaares werden und ich durfte ein Teil davon sein, grandios. Da muss frau sich schon maximal einbringen ...

Wieder vergingen einige Wochen, im Dreiecks-E-Mail-Verkehr wechselten wir Ideen, verwarfen Vorschläge, ich schickte weiteres Material.

Irgendwann erreichte mich, über die Agentin, folgende Nachricht des deutschstämmigen Bräutigams (unverändert abgedruckt!):

„Also wir haben quasi folgendes für die beste strategy gefunden: Morgnes 11-12Uhr: Traunung auf der Terrasse (im Ballsaal falls es regnet) mit klassischer musik. N. (Name der Braut ...) hofft das ihr auftritt natürlich dramatisch wird aber das dürfte auch mit der Haarfe gehen, oder nicht?

Cocktail empfang 18-19Uhr: Swing auf der Terrasse vom Restaurant

Dinner findet im Schlossrestaurant statt, wir wissen jetzt nicht ob es möglich ist auch die Swing musik weiter als hintergrund musik zu spielen oder nicht während dem Dinner?

Brautwalzer: Wir würden gerne nach dem Hauptgang bevor die Torte reingerollt wird einen ersten Tanz machen, das mus natürlich ein Walzer sein in Österreich. Das wäre ca 23Uhr falls das auch noch auf der Harfe ginge?

Sprechen sie bitte nochmal mit ihr und lassen uns dann wissen ob das passt, dann können wir das fest buchen."

Die Künstleragentin kommentierte die Mail mit einem „Und am besten, Sie nehmen auch einen Schlafsack mit!"

Vielleicht auch noch einen Gaskocher, Ravioli in der Dose, Zahnbürste?

Als Nächstes erreichte mich eine E-Mail in Kopie, die vielleicht gar nicht bei mir landen sollte?!

Diese schloss mit der Antwort der Agentin an den Bräutigam:

„Selbstverständlich schaut die Harfenistin gut aus, aber natürlich nicht so gut, wie Ihre Braut."

Mich würde brennend interessieren, wie die dazu passende Frage gelautet hatte!

Eine Woche vor der Hochzeit und nach ca. 50 Wochen Organisationsarbeit, bekam ich dann noch einen unerwarteten Musikwunsch:

Zum Einzug der Braut hätten sie jetzt gerne die Ouvertüre aus der Oper „Die Hochzeit des Figaro" von Mozart.

Das ist an sich ein schönes Stück, jedoch verlangt die Besetzung ein großes Orchester oder zumindest einen guten Pianisten.

Und weil ich weder das eine noch das andere bin, verweigerte ich diesen letzten Wunsch.

Ich schlug, wieder einmal, den bewährten „Einzug der Königin von Saba" von Händel vor.

So langsam war ich doch schon sehr gespannt auf das Event! Ausgerüstet mit allem, was an diesem Tag nötig sein würde, sowie unseren zwei Töchtern, die in diesem Fall wegen selbst arbeitendem Papi und unpässlichen Babysittern mitfahren mussten, machte ich mich auf den Weg ins Salzkammergut.

Die Location war großartig, der See strahlte Ruhe aus.

Und so, wie es sich mir schnell präsentierte, machte die Ruhe akkurat an der Hotelmauer Halt.

Auf der Suche nach der Terrasse, auf der die ganze Aktion stattfinden sollte, traf ich auf schmallippiges, sehr gestresstes Servicepersonal.

Meine Frage, ob alles etwas anstrengend sei, ließ die Eventdame beinahe in Tränen ausbrechen.

Alles werde minütlich geändert, sie könnten alle bald nicht mehr.

Ich tröstete sie und brachte meine Harfe in den mir zugewiesenen Raum, der von mehreren Menschen hektisch mit Blumen dekoriert wurde. Erst 15 Minuten zuvor war beschlossen worden, dass es jetzt doch nicht die Terrasse sein sollte, sondern ein kleiner Hotel-Saal mit Blick auf den See.

Zum Glück stand wenigstens die Sonne richtig, sonst hätte es wohl deswegen auch noch Gezeter gegeben.

Mein Instrument war ausgepackt, die Harfenklamotten in einem Nebenzimmer verräumt.

Gerade fertig mit dem Stimmen, stand eine junge Frau vor mir, mit einem über und über bedruckten Zettel. Es war die eindeutig nicht zu beneidende Brautjungfer, deren Gesichtsfarbe auf aktuellen Bluthochdruck schließen ließ.

Sie hätte jetzt gerne, dass ich so schnell wie möglich, quasi zur Einstimmung, anfangen sollte, zu spielen.

Mein letzter aktualisierter Zeitplan, den ich ihr ausgedruckt unter die Nase hielt, zeigte eine völlig andere Uhrzeit, aber eigentlich war diese Diskussion sinnlos.

Ich sprintete in den SPA-Bereich, sprang in mein Kleid, instruierte die Kinder während meiner Performance möglichst nicht im Pool zu ertrinken und eilte an die Harfe.

Da gesellte sich die Standesbeamtin zu mir und meinte ganz lässig, dass EIN Harfenstück zum Ringtausch absolut reichen würde.

„Und einfach etwas Musik zum Einzug der Braut."

Aha?!

Sollte ich an dieser Stelle wirklich sagen, dass sie mir mit diesem Satz 50 Wochen Organisations-Arbeit ruinierte?

Warum haben wir im Vorfeld überhaupt Gespräche geführt?

Aber ich war wiedermal so flexibel und machte gute Miene zum bösen Spiel.

Das Publikum tröpfelte nun herein, untermalt von meinen Klängen.

Die Braut erschien 15 Minuten zu spät, der bis nach Mitternacht durchgetaktete, schriftlich festgehaltene Zeitplan wurde zur Makulatur.

Ihren Auftritt versuchte ich, so dramatisch wie möglich zu gestalten.

Das alles NUR(!) mit einer Harfe.

Ich legte mich mächtig ins Zeug.

Vielleicht sollte ich mir aber für einen nächsten derartigen Anlass zusätzlich fluoreszierende Fingernägel aufkleben sowie Illuminationseffekte und Pyrotechnik am Instrument montieren lassen ....

42

Das Stück beendete ich nach 60 Sekunden, da die in ein schlichtes langes Kleid gewandete Braut nur zehn Stuhlreihen abschreiten musste. So viel zum Thema dramatischer Auftritt.

Als sie neben ihrem Ehemann stand, war ich etwas verwundert. Er war „Typ deutscher Basketballer", sie war eine asiatische Schönheit und reichte ihm, dank High-Heels, ungefähr bis zur dritten Rippe - von unten.

Die Standesbeamtin begann mit einer zweisprachigen Rede. Auch hier war ich dezent erstaunt, was ich da hörte: „Ihr Mann sagt von Ihnen, dass Sie zu ehrgeizig sind. Er frage sich deshalb, wie das wohl einmal mit Kindern werden solle?" Zu ihm: „Ihre Frau sagt von Ihnen, dass sie doch viel zu viel arbeiten würden!"

Solche Sätze lassen doch auf eine harmonische Zukunft schließen.

Nach der Trauung fand ich meine Kinder nass, glücklich und hungrig im Pool.

Wir entschieden uns für ein Mittagessen und waren für ein Paar Würstel, einen Burger, Ravioli und Getränke knapp 80.- Euro los. Aber diese Gegend am romantischen See liebte angeblich schon Kaiserin Sissi, das kostet eben. Ich war wirklich zu anständig, um es dem Brautpaar in Rechnung zu stellen. Selbst schuld.

Bis zum Hochzeits-Aperitif, der aktuell noch auf der Terrasse stattfinden sollte, hatten wir Zeit und ich begleitete die Kinder zu einer zweiten Runde ins Badeparadies, gefolgt von einem Apfelstrudel und einem Kakao pro Kind. Dieses Mal habe ich tatsächlich mutig den Beleg für das Jubelpaar unterschrieben. Danach waren wir alle rechtschaffen müde.

Aber ich war ja hier nicht zum Spaß. Ich räumte also meine Harfe an den richtigen Platz, zog mich mal wieder um - Dresscode Cocktailempfang- und untermalte in der Folge mit herrlichem Blick auf das Wasser den lauschigen Apéro mit etwas Swing.

Parallel musste ich Gespräche mit Hochzeitsgästen führen, die mich permanent während des Spielens anquatschten und Fragen stellten. Meine Antworten waren relativ einsilbig, aber das fiel der anwesenden Klientel, die sich anscheinend am liebsten selbst zuhört, gar nicht groß auf.

Nach 30 Minuten näherte sich der Bräutigam und ließ ein huldvolles „Das ist ja ganz toll, wie Sie spielen, vielen Dank!" hören.
Vielleicht hatte er ja bayerische Wurzeln?! Frei nach dem Motto: Ned gschimpft is globt gnua! (zu Deutsch: Nicht geschimpft ist gelobt genug!)

Aber auch Tage wie diese gehen vorbei und ich habe noch erfahren, dass dies nur Teil eins der Hochzeit gewesen ist. Der andere Teil sollte auf dem Globus rechts unten, in Australien, stattfinden.
Zusätzlich wurde mir noch vom Hotelpersonal erzählt, dass für die Gäste auf dem Oktoberfest eine Woche lang eine Box gemietet war, zu der Shuttle-Dienste vom Salzkammergut aus eingerichtet waren.
Auf der extra eingerichteten Hochzeits-Homepage konnte man sich jederzeit über die aktuellen Tagesereignisse informieren.

Und ich hatte Skrupel bei einer Mittagessen-Rechnung?! Meine Güte!
Nach diesem langen Tag war ich wieder mal froh, dass mein Mann und ich damals nur zu zweit geheiratet haben!

Der Schlüsselmächtige

Was für ein Empfang!

Als ich einmal mit fünfminütiger Verspätung an einem Konzertort ankomme, springt ein Typ mit hochrotem Kopf, wie Rumpelstilzchen auf Ecstasy, im Regen auf und ab, schwenkt etwas in der Hand und brüllt.

Ich kurble das Fenster herunter und höre:

„Wenn Sie noch eine Minute später gewesen wären, hätte ich den Schlüssel im Brunnen versenkt!"

„Äh, hallo?"

„Wieso haben Sie mich nicht angerufen?"

„Wie bitte?"

„Es ist eine Frechheit, mich hier so lange warten zu lassen! Ich werde mich bei Ihrer Agentur beschweren und es ins Internet stellen, dass Sie unzuverlässig sind!"

Ich verstehe, ehrlich gesagt, nur Bahnhof.

Was hat der gute Mann?

Aber was er kann, kann ich auch und ich brülle zurück.

„Sagen Sie mal, geht's eigentlich noch? Ich bin gerade ein paar hundert Kilometer Auto gefahren und jetzt machen Sie wegen fünf Minuten so einen Zwergenaufstand?"

„Fünf Minuten? Sie wollten um drei Uhr da sein und jetzt ist es fünf nach fünf! Und dann sagen Sie nicht einmal Bescheid!?"

Ich mache mir etwas Sorgen um seinen Blutdruck!

„Dem Büro habe ich gesagt, dass ich um fünf Uhr am Konzertsaal ankommen werde!"

„Nein, Sie wollten um drei Uhr ankommen!"

„Ich werde wohl wissen, wann ich ankommen wollte, oder? Wieso soll ich so früh anreisen, wenn das Konzert erst um halb acht Uhr beginnt?"

„Dann hätten Sie wenigstens angerufen!"

„Erstens wusste ich ja gar nicht, dass Sie auf mich warten und zweitens habe ich gar keine Telefonnummer von Ihnen!"

Aber ihm wäre 15 Uhr übermittelt worden, bockt er vor sich hin.

„Und wieso kleben Sie mir dann nicht einfach einen Zettel mit Ihrer Telefonnummer an die Tür hier?"

Man kann ihm förmlich beim Nachdenken über meinen Geistesblitz zusehen, dann geht es wieder weiter mit der Schimpferei.

Er hätte jetzt auf eine Geburtstagsfeier mit gutem Kuchen und Kaffee verzichten müssen.

Herr Doktor, bitte eine Runde „Mimimi forte" für den Mann.

Langsam habe ich die Faxen dicke.

Wütend reiße ich die Harfe aus dem Auto, schiebe sie schnell durch den Regen und dann stehe ich vor einer Treppe.

Der Herr mit der Schlüsselmacht turnt immer noch schimpfend um mich herum.

Obwohl der Konzertsaal im ersten Stock liegt, ziehe ich die Harfe alleine nach oben.

Selbst ist die Frau, mal wieder.

Das scheint ihm zu imponieren und er wird etwas ruhiger.

Tatsächlich bietet er nun doch noch seine Hilfe an. Aber nicht mit mir.

„Gehen Sie doch einfach zu Ihrem Kuchen, ich komme hier gut alleine zurecht."

Und er tut tatsächlich, wie ihm geheißen. Vielleicht hat er ja Glück und es ist noch ein Stück für ihn übrig.

Nach diesem Vorfall kam ein langes Entschuldigungsmail der Konzertreihen-Sekretärin wegen der falschen Zeitübermittlung. Außerdem, verkündete sie, wurde meine Idee, für jedes Konzert ein Organisationsblatt mit Telefonnummern und Ansprechpartnern an alle Beteiligten auszugeben, übernommen.

Da war mir ein anderer Hausmeister im Osten der Republik schon um einiges lieber.

Stolz saß er in seinem Pförtnerkabuff, an dem ich versuchte, Einlass zu bekommen. Er jedoch konfrontierte mich zur Begrüßung mit einem lateinischen Zitat. Dazu blickte er mich sehr erwartungsvoll an.

Was tun?

Ganz pragmatisch packte ich also mein Asterix-Wissen aus und übersetzte den Satz fehlerfrei. Und unglaublich, aber wahr: Erst jetzt, nach richtigem Erkennen seiner Losung, durfte ich den Aufzug der von ihm bewachten heiligen Hallen benutzen!

Es hilft nichts, wir Harfenisten brauchen die Schlüsselmächtigen, Pollerniederdrücker und Schrankenheber. Und in den allermeisten Fällen sind das ja auch wirklich sehr nette und kooperative Menschen.

Nonne und Arschpfeifenrössl

Im Jahr 2003 befragte mich ein Moderator während eines 60-minütigen Fernsehinterviews für BR Alpha zu meiner bayerischen Dialektfähigkeit. Ich ließ daraufhin den üblichen Spruch „I kon scho, wenn I mog!" los. (Übersetzt für Einwohner nördlich des Weißwurstäquators: „Ich kann schon, wenn ich mag!")
Was ich damit losgetreten habe, war so nicht planbar.
Gleich im Anschluss an die Aufnahme eilte eine Dame auf mich zu und fragte, ob ich wirklich bayerisch sprechen könne, was ich absolut bejahen kann!
Für die Produktion des bekannten „Komödienstadls" würde nämlich noch dringend eine bayerisch sprechende Harfenistin oder eine harfenspielende Bayerin gesucht.
(Für alle, die dieses Kulturgut nicht kennen: Der „Komödienstadel" ist eine Fernsehreihe des Bayerischen Rundfunks, in der komödiantische Theaterstücke in bayerischer Mundart gezeigt werden.)
Ich war natürlich neugierig. 20 Minuten später stand ich im Büro des Produzenten auf dem Gelände des Bayerischen Rundfunks in Freimann.
Der Herr war sehr nett, sah dann aber nur ein Problem:
Der Regisseur müsste mich ja unbedingt auch noch vorher sehen.
Und der wohnte weit weg, nämlich in Traunstein.
Ah - so ein Glück, denn da wohne ich ja auch.

Schon am nächsten Tag besuchte ich also in einem Dorf nahe Traunstein den Drehbuchautor und Regisseur im Fischlokal seiner Frau. Er fragte mich nach Theaterfähigkeiten und anscheinend war er so verzweifelt auf der Suche nach jemandem mit Harfenkenntnissen, dass meine Schultheater- und die Konzert-Moderationserfahrung offensichtlich für ein Engagement reichten. Ich bekam die Rolle!

Als Nonne Leonora im Komödienstadl „Das Attenhamer Christkindl".

In dem Stück bereiten sich die Alexianerinnen des Klosters in Attenham auf das Weihnachtsfest vor. Die Nonnen leihen ein kleines Christkindl aus Wachs, ein sogenanntes „Fatschenkindl", an die Dorfkirche aus. Die Dörfler glauben an die wundertätige Kraft dieses „Kindls". Bei der Arbeit mit der Jesus-Nachbildung wird bei mancher Nonne der unerfüllbare Wunsch nach einem „eigenen" Kind wach.
Ich spielte in dem Stück genau selbige Nonne, die sich um die Pflege des Fatschenkindls zu kümmern hat und gleichzeitig noch die Klostermusik leitet.

Die dazugehörige Geschichte geht so:
In einer rauen Winternacht liegt ein wimmerndes Findelkind vor der Klosterpforte. Die Nonnen nehmen es in ihre Obhut und ihre lang aufgestauten Muttergefühle explodieren. Selbst die General-Oberin, die mit ihrem Superior wegen der Schließung des Klosters anrückt, gerät in den Bann des Kindls ...
Den Rest können Sie sich alle paar Jahre an Weihnachten im Fernsehen als Wiederholung ansehen. Falls Sie mich nicht erkennen: Ich bin die längste Gottesanbeterin.

Aber zurück zu meiner neuen Arbeit.
Vom Bayerischen Fernsehen bekam ich ein umfangreiches Manuskript zugeschickt. Mein erster Vertrag als Schauspielerin lag bei. Da fühlte man sich schon gleich ganz anders, auch wenn ich froh war, dass ich nur für eine kurze Zeit zur Nonne mutieren musste: Die Einstellungsbedingungen für diesen Beruf entsprechen nicht ganz meinem Lebensentwurf ...

Der Komödienstadl-Text für jede einzelne Nonne war übersichtlich, da wir ein Haufen Gebetsschwestern waren und jede mal was sagen sollte. Die großen Rollen wurden von berühmten Volksschauspielern, wie dem legendären Toni Berger und der großartigen Heide Ackermann, gespielt.

Die Leseproben begannen und ich fuhr jeden Morgen mit dem Regisseur Werner Asam von Traunstein nach Unterföhring und schnupperte Fernseh-Theaterluft.

Nach einer Woche fingen die Kostümproben an, draußen hatte es sommerliche 35 Grad und wir dekorierten im kompletten Nonnenhabit täglich mehrmals den Christbaum mit Strohsternen und „Arschpfeifenrössln" (einem traditionellen Weihnachtsschmuck aus Berchtesgaden). Wir sangen Weihnachtslieder, schüttelten uns Schnee vom Umhang und taten insgesamt sehr andächtig.

Des Öfteren fiel ich unter den Profis auf, weil ich die ganzen Aberglauben-Rituale im Theater nicht kannte:

Zum Beispiel bekam ich einen Rüffel, weil ich hinter der Bühne pfiff oder durch den Vorhang linste.

Ich hatte Glück, dass ich nicht Abbitte, nach Theatersitte, in Form folgender Rettungsmaßnahmen, leisten musste:

- Das Theater verlassen (raus ins Freie!).
- Dreimal um das Theater herumlaufen oder, falls das nicht möglich war, sich dreimal um die eigene Achse drehen.
- Ein Lied singen oder summen (das lockt gute Geister an).
- Den Schlussmonolog von Puck aus dem Sommernachtstraum rezitieren („Wenn wir Schatten Euch missfielen ...").
- Dreimal an die Theatertür klopfen und höflich darum bitten, wieder eingelassen zu werden.

Bei uns Musikern gibt es diesen Budenzauber meines Wissens nach nicht!

Auch, dass ich mich immer hungrig auf das Requisiten-Essen stürzte, wurde mir schnell ausgetrieben. Obwohl die Betfloskel „Rhabarber, Rhabarber" doch viel besser mit vollem Mund zur Geltung kommt ...

Ich pflegte also das Fatschenkindl und sang und spielte, wartete hinter den Kulissen, saß in der Maske und schwitzte in meinen Habit. Nach zwei Wochen sagte die Souffleuse einen legendären Satz zu mir: „Sie machen das wirklich gut! Haben Sie sich eigentlich schon mal überlegt, das Harfespielen zu Ihrem Beruf zu machen?" Schön, wenn ein Profi nicht merkt, dass man kein Profi ist.

Meine Komödienstadl-Karriere war kurz, aber spannend!
Das Besondere jedoch kommt zum Schluss: Sieben Monate nach dem Nonnenprojekt, kurz vor Weihnachten, wurde zuhause ein Paket für mich abgegeben.
Darin fand ich das originale Fatschenkindl aus der Produktion. Es war ein Geschenk von seiner Macherin Rosi Bauer.
Und ob Sie es jetzt glauben oder nicht: Fünf Tage später war ich schwanger mit unserer ersten Tochter!!
Seitdem ruht die wertvolle Klosterarbeit in einer Vitrine am Dachboden. Die Kinder gruseln sich etwas und haben ein Tuch darübergelegt.
Falls Sie einen Kinderwunsch haben, ich könnte es gerne mal ausleihen. Vielleicht wirkt es ja auch ohne Komödienstadl-Mitarbeit!

Unterkiefertechnik

Ein grauer Bungalow in einem Vorort von Bochum ist das heutige Ziel einer Probe mit Flöte und Harfe.

Den Mitmusiker kenne ich noch nicht, bisher hatten wir nur per E-Mail Kontakt. Zusammen sollen wir einige Neujahrskonzerte des örtlichen Kreditinstitutes mit unserer Musik bereichern.

Die Haustüre des Flötenspielers öffnet sich und anstatt einer Begrüßung werde ich mit folgendem Satz konfrontiert: „Ich kann Ihnen leider nicht mit der Harfe helfen, da mir vor Jahren die Lunge zusammengefallen ist."

Alles klar! Hallo erstmal!

Auf meine Frage, ob man denn mit zusammengefallener Lunge überhaupt noch flöten könne, meint er: „Ja, eine halbe Lunge reicht dazu aus."

Interessant. Das lässt sich ja gleich gut an.

Während ich meine Harfe auslade, steht der Herr dekorativ daneben und posaunt: „Die Harfenistin der Berliner Philharmoniker habe ich übrigens in der ersten Probe rausgeworfen, sie war nicht vorbereitet."

Ooookay?!

Ich bin nach der adventlichen Bethlehem-Rallye leider nicht wirklich gut präpariert. Aber die vereinbarten Stücke sind vom Schwierigkeitsgrad her überhaupt nicht dramatisch. Ich hatte auf ein lockeres Durchgespiele in der Probe spekuliert.

Wir werden sehen.

Ich folge ihm also mit Harfe in sein Haus und werde von den restlichen Mitgliedern der Familie in Augenschein genommen. Diese sind: Die Ehefrau, grau in grau, und der Sohn, mit Namen Karl-Heinz. Er scheint einige Schlaftabletten gefrühstückt zu haben, die

Pubertät tut ihr Übriges. Sein Haarschnitt (Modell „Topf") und die Klamotten (Stil 1970) - wie kann man das seinem Kind nur antun? Während ich nun die Harfe auspacke, werde ich von der stolzen Mutter sofort mit sämtlichen Stationen des bisherigen 13-jährigen Stammhalter-Lebens konfrontiert. Fazit (wie hätte es anders sein können?): Ein echtes Wunderkind steht da vor mir! Sooo begabt! Er spiele nämlich Orgel. Ich gratuliere und stimme mich mental auf die nun folgende Probe ein.

Umständlich packt der Hausherr sein Instrument aus und schon beim Stimmen beschleicht mich eine erste Vorahnung.

Immerhin hält er die Flöte in die richtige Richtung.

Da hätte ich mich über seine Worte vorhin gar nicht aufregen müssen, denn: Ich bin ein anderes Querflötenlevel gewohnt! So geht Musikmachen nicht! Aber die Flöte ist in diesem Fall der Solist und ich „nur" die Begleitung. Ich stelle mich auf Autopilot und so überstehe ich das Gemurkse mit guter Miene zum schrecklichen Flöten-Spiel.

Nach der Probe folgt der gesellige Teil, denn: Das Abendessen ist angerichtet! Wir nehmen Platz am Tisch mit der grauen Wachstuchtischdecke. Bei Schnittchen und Gürkchen werde ich mit weiteren Anekdoten aus dem Familienleben unterhalten.

Die Flöte spielt hierbei eine tragende Rolle. Und damit ich auch genau verstehe, wie die vom Meister verwendete, von ihm als „Unterkiefertechnik" bezeichnete Methode funktioniert, greift er mit halbvollem Mund zur Flöte und demonstriert kauend und pustend seine Position am Instrument.

Mich würgt es etwas und ich bin dann auch ganz schnell wieder im Auto und flüchte ins Hotel.

Am nächsten Tag, das erste Konzert.

Wir treffen uns zur Probe in einem schönen Stadtsaal. Etwas verwundert nehme ich zur Kenntnis, dass mein musikalischer Partner seinen riesigen Notenständer so aufbaut, dass er komplett dahinter verschwindet. Auf meine Frage, ob er den Ständer nicht etwas tiefer stellen wolle, damit man ihn sehen könne, meint er, dass das nicht nötig sei. Das Publikum hier würde ihn schon kennen und der Klang der Flöte ginge sowieso an die Decke.

Aha.

Was ich hier alles dazulerne?! Es ist einfach grandios!

Kurz vor dem Konzert, ich komme gerade vom Stimmen meiner Harfe, da spricht mich im Foyer ein Mann an und fragt, ob ich die Flötistin wäre.

Ich dementiere und möchte wissen, wie er darauf käme. Er sagt, dass der Herr unten in der Solistengarderobe dicke Fellhandschuhe tragen würde, und er deshalb an sensible Zupfhände gedacht habe.

Als ich in den Künstlerkatakomben ankomme, sehe ich den Grund: Der Ärmste ist so überaus nervös, dass er ganz fahl im Gesicht ist. Dass da seine Hände kalt sind, ist kein Wunder. Seine Frau redet ununterbrochen beruhigend auf ihn ein.

Schon komisch, die Stücke sind wirklich nicht schwierig, das spielt heute jeder mittelprächtige Flötenschüler.

Vielleicht ist ihm aber einfach auch nur schlecht?!

In den Umkleideräumen herrscht ein Geruch, dass es mich fast aus den Socken hebt. Schuld daran sind zwei komplette Tabletts gefüllt mit belegten Brötchen. Also ungefähr pro anwesender Person eines! Zehn(!) Hälften mit Wurst und zehn(!) Hälften mit Käse liegen darauf. Wie Sie mittlerweile wissen, liebe ich gutes Essen, aber das hier war ein olfaktorischer Albtraum in einem fensterlosen Umziehverlies. Zum Glück sind in Konzerten keine Hunde zugelassen, die hätte mein anschließend duftendes Abendkleid wahrscheinlich sehr interessiert.

Die drei Abende an diesem Januarwochenende gehen dann doch, vor wechselnder Lokalprominenz, irgendwie über die Bühne.

Erst ganz zum Schluss merke ich, dass das Durchlesen eines Vertrages auch lebenserhaltend sein kann:
Eigentlich hätte ich drei Monate später noch ein superschweres Konzert mit dem Herrn Virtuosen in Wien spielen sollen.
Der Meisterflötist hatte es irgendwie geschafft, einen Duo-Abend bei einem renommierten Festival an Land zu ziehen.
Den dazugehörigen Vertrag hatte er mir während des bereits erwähnten Abendessens zur Unterschrift hingelegt. Beim Überfliegen des Schriftstückes war mir zum Glück das Kleingedruckte aufgefallen: Ein Passus enthielt die Nicht(!)vergütung eines eventuellen Mitschnitts durch Radio oder TV. Netter Versuch des Veranstalters! Ein Mitschnitt ist immer nochmal eine ganz andere Hausnummer als ein normales Konzert!
Und weil mir solche, leicht übersehbaren Abmachungen gerne mal ins Auge springen, hatte ich auch nicht gleich den Stift gezückt, sondern Mister Unterkiefertechnik um Rücksprache und Nachbesserung mit dem Veranstalter gebeten.
Glück gehabt!
So konnte ich ihm nach diesen Neujahrskonzerten ganz locker empfehlen, sich eine andere Harfenbegleitung für den Auftritt in Österreichs Hauptstadt zu suchen.

Taufirritation

Vom Chef eines Restaurants, in dem ich nach dem Studium jeden Mittwoch ein paar Stunden zum Essen aufspielte, wurde ich eingeladen, die Taufe seiner Tochter musikalisch zu umrahmen.

Die Feier fand in einer herrlich bayerisch-barocken und selbstverständlich katholischen Kirche statt.

Nachdem ich meine Harfe im Altarraum hergerichtet und gestimmt hatte, saß ich erwartungsvoll auf meinem Hocker.

Die Taufgesellschaft erschien, die ersten Kirchenbänke füllten sich.

Dann kam auch der Pfarrer und setzte sich auf seinen Stuhl nahe des Ambos.

Ich studierte die Putten und Deckengemälde, die Zeit verstrich langsam.

Doch wo war der Täufling? Alle schienen grundentspannt.

Irgendwann schlich ich mich zu meinem Mittwochabendchef und fragte, ob etwas dazwischengekommen wäre.

Da schaute er mich fragend an.

„Was meinen Sie?"

„Na ja, das zu taufende Kind geht doch noch ab, oder?"

Grinsend zeigte er auf ein Mädchen im Grundschulalter, das neben ihm saß.

„Der Täufling ist schon lange hier! Unsere Tochter ist eigentlich evangelisch, möchte jetzt aber in der 3. Klasse auch die heilige Kommunion mit ihren Freundinnen feiern und deshalb konvertiert sie heute zum katholischen Glauben!"

Merke: Nicht jeden Täufling kann man über ein Taufbecken halten!

Es wurde dann noch eine sehr nette und fröhliche Feier.

Der Arm des Gesetzes

Wenn ein Traunsteiner Polizist meinem auf dem Fahrersitz sitzenden Mann einen mitleidigen Blick zuwirft und uns genervt durchwinkt, dann hat das einen Grund.

Ich hatte dem Herrn Gesetzeshüter gerade erklärt, warum ich in diesem (wirklich!) einzigen Fall meines Autolebens nicht angeschnallt war. Und zwar so intensiv und ausdauernd (mit Wiederholungen kenne ich mich aus, als Musiker macht man täglich nichts anderes), dass er uns ohne Bestrafung weiterschickte.

Insgesamt gesehen, gab es aber, trotz meiner vielen Autokilometer, nur sehr selten Kontakt mit Amtspersonen.

Über die nachfolgend erzählten Vorkommnisse hat sich bereits der Schleier der Verjährung gelegt, ich kann nur hoffen, dass sich die betroffenen Herren - sollten sie tatsächlich dieses Buch in die Hände bekommen - nicht mehr an mich erinnern.

Während meines Studiums in Lausanne, im französischsprachigen Kanton Waadt in der Schweiz, wurde ich einmal mitten in der Stadt geblitzt. 250 Meter weiter hielt mich auch schon ein Uniformierter auf. Auf meinem Beifahrersitz befand sich eine französisch sprechende Freundin. Schnell instruierte ich sie noch, dass wir bitte nur auf deutsch kommunizieren würden. Sie nickte ergeben. Ich kurbelte also das Fenster herunter und begrüßte den Herrn mit der Kelle freundlich in meiner Muttersprache.

Er begann sofort im Waadtländer Dialekt, der sich wie ein bayerisch klingendes Französisch anhört, auf mich einzureden.

Normalerweise sind die allermeisten Schweizer mehrsprachig, bei ihm war zumindest Deutsch nicht installiert.

Ich stellte mich vorsichtshalber etwas doof, zuckte mit den Schultern, schüttelte den Kopf und sagte, dass ich ihn leider nicht verstehen würde.

Wir radebrechten, gestikulierten und der Herr führte genervt Selbstgespräche.

Dann suchte er in seinen Taschen nach einem Zettel und präsentierte mir den Schrieb, auf dem stand: 20 Schweizer Franken.

Für eine Studentin wie mich war das nicht wenig Geld zu der Zeit, aber insgesamt doch ein gutes und ernstzunehmendes Angebot.

Trotzdem hob ich bedauernd die Schultern und versuchte ihm klarzumachen, dass ich mein Portemonnaie nicht dabeihätte.

Der arme Beamte stöhnte, wischte sich den Schweiß von der Stirn und wandte sich seinem Funkgerät zu.

Anscheinend bekam er dort klare Anweisungen, denn jetzt bellte er mich an: „Passeport!“

„Oh“, sagte ich und erklärte ihm, dass ich den nicht dabei hätte, der wäre bei meiner Freundin zuhause auf dem Dorf.

Der Grad seiner Erregung nahm noch eine Stufe zu und schon drohte er mit: „Police, Police!“

Auf die Wache wollte ich aber dann doch nicht unbedingt mitkommen. Denn er hätte mich schon drangekriegen können, wenn er es gewollt bzw. gewußt hätte. Es ist nämlich nicht ganz legal, ein deutsches Autokennzeichen zu haben, wenn man, so wie ich damals, längere Zeit in der Schweiz wohnt. Selbst wenn es nur für die Zeit des Studiums und das Auto auf die Eltern angemeldet ist!

Das wusste ich, und daher wollte ich den Wirbel auch möglichst gering halten.

Und so kam der Moment, in dem wieder einmal klar wurde, dass ich für eine Geheimdienst- oder Diplomatenausbildung absolut ungeeignet bin: Ich sprang fröhlich aus dem Auto, einen 50-Franken-Schein in der Hand und sagte ehrlich, mit dem Herz auf der Zunge und in breitestem Französisch: „He, on l'a trouvé!“ („Hey, wir haben ihn gefunden!“)

58

Unsere Töchter würden jetzt sagen: „Oupsi."

Das Gesicht des Mannes wechselte von rot zu sehr rot.

Er zeigte mit dem Finger auf eine Bäckerei und schickte mich dorthin, um das Geld zu wechseln.

Dort angekommen wurde ich mit lautem Gelächter empfangen.

Die Damen hinter dem Tresen hatten den ganzen Zauber live mitverfolgt. Meine auf Französisch vorgetragene Bitte, mir das Geld zu wechseln, kamen sie gerne nach.

Wie viel ich denn zahlen müsste?

„Zwanzig Franken!"

Die gab mir die nette Bäckerin dann auch - und zwar in 2-Franken-Stücken.

Mit dem Münzgeld lief ich zurück zum Polizisten und zählte ihm die zehn Silberlinge in die Hand.

Er war definitiv not amused.

Wir sind dann mal schnell - selbstverständlich im Rahmen der vorgegebenen Geschwindigkeitsgrenzen! - weitergefahren.

Ein anderes Mal wurde ich an einem Sonntagmorgen um 9.15 Uhr bei starkem Regen und mit einer Brille auf der Nase in einem kleinen Dorf auf dem Weg zur Autobahnauffahrt am Chiemsee fotografiert.

Jetzt mal ganz ehrlich.

Muss diese moderne Wegelagerei um diese Zeit wirklich sein?

Da fahren Menschen in die Kirche oder zum Bäcker. Oder, wie ich - zugegeben etwas zu schnell, aber immerhin - zum Arbeiten.

Ich war mit dem Auto meines Mannes unterwegs und Wochen später bekam deshalb der Göttergatte Post.

Darauf ein sehr unscharfes Foto mit einem handschriftlichen Hinweis: „Deutlich jüngerer Fahrer oder Fahrerin als der Fahrzeughalter!"

Mein Mann ist zehn Jahre älter als ich.

Er schrieb zurück, dass er keine Ahnung hätte, wer das sein könnte.

Und dann kam über Wochen, jeweils am Montag-Mittag ein Polizist zu uns nach Hause. Er hatte den unbedingten Wunsch, einen Live-Fotovergleich zu machen.

Die Nachbarn beobachteten ihn regelmäßig und erzählten mir grinsend davon.

Denn leider waren wir beide am ersten Tag der Arbeitswoche nie da. Das ist seit Jahren mein Musikschultag.

Dazwischen rief er auch mehrfach an und wollte wissen, wann denn mein Mann mal zuhause wäre. Das konnte (bzw. wollte) ich ihm leider nicht beantworten.

Irgendwann hatte der Herr das System verstanden und als es dann an einem Dienstag-Nachmittag läutete, öffnete ich ahnungslos die Tür. Da stand er in seiner grünen Uniform.

„Grüß Gott!"

„Grüß Gott, ist denn der Herr Weininger da?"

„Nein, der ist gerade in Japan!"

Er wurde fast etwas weinerlich, als er sagte: „Jetzt war ich schon so oft da, ich hätte ihm ein Foto zeigen müssen."

„Dann zeigen Sie es doch mal mir!"

Er hielt mir den Wisch unter die Nase und ich sagte:

„Moment, da sieht man ja gar nichts. Lassen Sie uns doch mal ans Fenster gehen!"

Und nach einer Betrachtung im Licht meinte ich: „Das ist echt ein schlechtes Bild! Da sieht man ja gar nix drauf!"

Woraufhin der uniformierte Herr bedauernd meinte: „Na ja, Sie san's jed'nfalls ned!"

Da konnte ich ihm dann leider auch nicht weiterhelfen ...

Und jetzt muss ich Ihnen noch ein Geständnis machen:

Nach einem Konzert, mit anschließendem Abendessen, hatte mein Auto ein kleines Koordinationsproblem.

Entweder funktionierte das Licht oder der Motor lief. Aber beides gleichzeitig war nicht mehr möglich.

Alle anderen Mitwirkenden waren schon abgefahren. Ich befand mich alleine in einem Kaff mitten in der Schweizer Pampa und wollte nach Hause.

Der Konzertort lag zum Glück nur 15 Kilometer von meinem Bauernhof in einem kleinen Dorf vor Lausanne entfernt. Man musste über keine große Ausfallstraße oder Autobahn.

Also fuhr ich mutig, aber völlig ohne Licht los. Sobald sich ein Auto von vorne näherte, drehte ich die Zündung aus und mein Licht ging wieder an. Eine großartige Mischung! Natürlich war das nicht ganz ungefährlich, aber was sollte ich denn machen? Ich hatte noch kein Handy.

Als ich dann an einer beleuchteten Baustelle vorbeikam, blieb ich stehen und klaute mir eines dieser mobilen Blinklichter. Schon fühlte ich mich sicherer.

Mein kleines Auto zuckelte also mit irrlichterndem Innenleben in wechselnden Geschwindigkeiten über eine nächtliche Landstraße. Der Verkehr hielt sich sehr in Grenzen und so schaffte ich es tatsächlich, mein Härfchen und mich unversehrt nach Hause zu bringen.

Seither weiß ich, dass Blinklichter ein unglaublich langes Leben haben. Ich versteckte das Teil nämlich in meinem damaligen Schuppen und vergaß es völlig. Als ich dann aber (Jahre später), im Zuge meines Umzugs aus der Bauernhof-Wohngemeinschaft in eine eigene Wohnung im Zentrum von Lausanne, aufräumte, fand ich es wieder: das Blinklicht! Und es blinkte noch immer! Da praktischerweise vor unserem Haus zu der Zeit gerade eine Baustelle war, stellte ich es einfach dazu. Hätte ich mal eher machen sollen ...

Don't touch

Ein Konzert im Oktober in ländlicher Idylle. Es ist kalt und schüttet wie aus Kübeln. Die das Tal umrahmenden Berge sind bereits etwas angeschneit.

Immerhin ist die Tür des kleinen Kirchleins schon aufgesperrt, was bei einem Harfentransport mit Dusche von oben entscheidende Vorteile mit sich bringt.

Die Frage, wo es hier wohl eine Toilette gibt, muss ich mir allerdings selbst mit einem „Hier anscheinend nicht!" beantworten. Aber es gibt ja zum Glück Holzstöße und einen Friedhofswasserhahn ...

In solchen Fällen einen auf „verwöhnte Musikerin" mit Divengehabe zu machen, würde jetzt einfach auch zu nichts führen.

Mein Kammermusikpartner ist ebenfalls angekommen und da nur wenig Zeit bis zum Konzert ist, wollen wir gleich mit der Probe beginnen.

Dann das nächste Problem: Die sakrale Beleuchtung ist für meine Augen nicht ausreichend.

Aber spiele ich heute nicht mit einem Gentleman?

Florian war schon öfters hier und so eilt er in die Sakristei, um den Sicherungskasten zu suchen.

Er ist erfolgreich. Allerdings startet mit einer Festbeleuchtung gleichzeitig auch feierliches Geläute.

Die kleine Kirche erzittert fast etwas unter den wuchtigen Schlägen der Glocken, aber es ist kurz vor 18 Uhr und hier, wir befinden uns schließlich in Bayern, wird traditionell sicher viertelstündlich geläutet.

Als wir fast am Ende des ersten Stückes unserer Probe angelangt sind, wird die Tür aufgerissen und eine Dame eilt hektisch herein. Schnurstracks läuft sie an uns vorbei in die Sakristei und schon kurz danach ist es auf einmal ganz still.

Mit hochrotem Kopf steht die Mesnerin gleich darauf vor uns und schüttelt den Kopf: „Sie haben die Kirchenglocken gedrückt!" Mein Kammermusikpartner lächelt entschuldigend: „Oh, ein kleines Missgeschick. Das war ein Versehen!"
Aber schnell verstehen wir, warum die Aufregung so groß ist: Jemand habe sofort bei der Mesnerin angerufen, ob die Prinzessin von Bayern jetzt gestorben sei? Selbige lebte nämlich mit ihren 96 Jahren noch immer an diesem Ort. Und genau die Kombination des Geläutes, die Florian versehentlich gewählt hatte, durfte ausschließlich für das Ableben besonderer Persönlichkeiten benutzt werden.
Ich kann nur hoffen, dass die betagte Dame nichts davon mitbekommen hat. Es muss ein seltsames Gefühl sein, wenn man vom eigenen Tod durch lauten Glockenklang erfährt.

Am Ende des Jahres lese ich in der Zeitung die dpa-Meldung, dass die Bayerische Prinzessin am ersten Weihnachtstag eingeschlafen ist.
Stellen Sie sich vor, wenn dann das Geläute nicht funktioniert hätte? Ein Glück, dass ein eifriger Geiger dies im Vorfeld unabsichtlich geklärt hatte!

Atemlos durch die Nacht

Ich weiß ja nicht, was Menschen mit anderen Berufen so träumen, aber von Musikern kenne ich Schlafberichte, in denen man Konzerte ohne Noten, ohne Instrumente oder unter sonstig absurden Umständen spielen muss.

Einen meiner Albträume hatte ich schon mehrfach. Hier soll ich ein Konzert spielen: nackt, wahlweise mit Klavier oder Posaune, aber immer vor großem Auditorium.
Dem Auftritt geht meist ein hektisches Suchen und Umpacken seltsamer Gegenstände voran, dann ist der Konzertsaal nicht auffindbar, Treppen, enge Durchlässe, Menschen stehen mir im Weg, kurz: Ich bin jedes Mal froh, wenn ich aufwache.
Nur ab und zu ist es mir nicht möglich, die Augen aufzuschlagen, weil das Ganze tatsächlich, live und in Farbe passiert.

Wie in diesem Fall:
Die Chance, dass alles etwas stressig werden könnte, war relativ hoch. Jedoch hatte mich mein extremer Optimismus nicht an einer Konzertbewerbung gehindert.
Meine Unvernunft kann ich aber begründen.
Mehr als zwanzig Jahre gingen meine regelmäßigen Bewerbungen ans Augsburger Kulturamt, dort ein Konzert spielen zu dürfen. Bis zu diesem Zeitpunkt erfolglos.
Dann sah ich eine Ankündigung zur „Langen Kunstnacht" der Stadt Augsburg – ein Abend mit verschiedensten Veranstaltungen an unterschiedlichen Spielstätten zum Thema Wasser.
Harfe und Wasser ist eines meiner Lieblingsthemen! Dafür gibt es viele passende Werke, allen voran die von mir heiß geliebte „Moldau" von Bedrich Smetana.

Ein Blick in den Kalender und ich bekam die Krise. Am gleichen Tag war schon ein Konzert in Bad Wörishofen terminiert.

Also ein Anruf bei der dortigen Kantorin. Sie schlug mir netterweise noch zwei andere Daten vor, leider waren auch diese bei mir schon belegt.

Also ließen wir es bei dem bereits ausgemachten Termin und ich bewarb mich in Augsburg mit dem Hinweis, dass ich am besten erst gegen halb elf Uhr abends spielen könnte.

Das Kulturamt stieg darauf ein und ich freute mich über je ein 30-minütiges Konzert mit Wassermusik um 22.15 Uhr und um 23 Uhr in der Galerie der Katharinenkirche im Schätzlerpalais.

Zwischen Bad Wörishofen und Augsburg liegen 60 Kilometer, aber ich habe ja ein schnelles Auto (und hoffentlich keine Störungen auf der Strecke). So viel zum Thema Optimismus.

Der besagte Tag kam und ich war etwas angespannt.

Zum Glück war meine liebe Freundin Dorli dabei, die mir in bewährter Weise half.

Das Konzert in der gut besuchten Kirche des Kurortes Bad Wörishofen lief wunderbar. Das Publikum hätte zwar gerne auch noch eine zweite Zugabe gehabt, aber es war bereits 21 Uhr, da war jetzt kein Spielraum mehr.

Im Turbomodus packte ich die Harfe und meine sieben Sachen, Dorli kümmerte sich um die CDs und den Harfenstuhl.

14 Minuten nach Ende des Konzertes saßen wir im Auto. Mein Navi zeigte eine Ankunftszeit von 21:53 Uhr. Das wollten wir doch mal sehen. Da war mehr drin!

Und tatsächlich standen wir schon 35 Minuten später vor dem Schätzlerpalais in der Fuggerstadt.

25 Minuten bis Konzertbeginn, das passte locker.

Laut Anweisung des Hausmeisters, den ich am Vortag extra angerufen hatte, sollte ich im zweiten Hof parken.

Ob das denn für eine Nicht-Augsburgerin gut zu finden sei, wollte ich von ihm am Telefon wissen.

„Ja klar, ganz einfach!" hatte er mich beruhigt und mir noch seine Mobilfunknummer gegeben – für Notfälle.

Es war ein lauer Sommerabend, viele Menschen bevölkerten die Gehsteige und auch den Brunnen vor dem Palais. Und ich hatte einen Notfall:

Wo war jetzt dieser zweite Hof?

Ich versuchte, den Hausmeister zu erreichen. Sein Telefon war belegt.

Hektisch fuhr ich in eine Seitenstraße, mindestens 300m entlang hoher Mauern. Dorli probierte die Türen an zwei Holzportalen, alles war geschlossen. Im Rückwärtsgang mit Vollgas raste ich zurück und versuchte gleichzeitig wieder über die Freisprechanlage zu telefonieren. Das angewählte Handy war immer noch belegt. Ich probierte es mit der Nummer der Pforte. Auch dort wurde telefoniert.

Jetzt blieb ich einfach direkt vor dem Torbogen des bekannten Bauwerkes stehen, Dorli hetzte hinein. Ich versuchte, parallel zu telefonieren.

Endlich hatte ich den Pförtner am Apparat: „Ach so", kam es gemütlich schwäbisch aus dem Hörer, „fahren Sie doch einfach hinein!"

Ich war kurz vor einem Schreikrampf. „WO IST DIESER HOF?"

Und dann kapierte ich es: Der Gang, der sich vor mir unter dem Torbogen auftat und der mit vielen Menschen, einem mitten im Weg stehenden Tisch und einigen Plakataufstellern zugestellt war, war die Lösung! Er führte zum zweiten Hof!

Zweimal rangieren, durch das Portal direkt in das Gebäude hinein und schon erntete ich einige „Was-erlauben-Sie-sich-Blicke" sowie irritiertes Kopfschütteln. Aber ruckzuck war ich endlich drin, im zweiten Hof.

Wir rissen die Autotüren auf, die Harfe heraus und schon stellte sich die nächste Frage: Wohin jetzt??

Wieder rief ich den Pförtner an.

„Ja, wo spielen Sie denn?"

„Ich weiß auch nur Galerie in der Katharinenkirche!"

„Dann warten Sie mal, ich komme!"

„Bitte schnell, ich soll in 12 Minuten spielen!"

Leider war der gute Mann gehbehindert und so dauerte es etwas. Immerhin zeigte er in die Richtung, in die ich gehen sollte und so sprintete ich mit der Harfe auf dem Harfenwägelchen los. An einer Treppe stand dann auch freundlich lächelnd der telefonisch gerade eben nicht erreichbare Hausmeister und fragte, ob ich mir die Treppe erstmal anschauen wollte?

Nein, wollte ich definitiv nicht! Die Treppe hatte Überbreite, wo war das Problem?

Er wollte mir gerne mit der Harfe helfen, was an sich wunderbar gewesen wäre.

Nur leider ergriff er sofort die Eigeninitiative, was beim Transport meines Babys keine weise Entscheidung ist. Ich herrschte ihn an, da es mir für eine ausführliche Einweisung in ein Harfenträgerdiplom gerade akut an Zeit und Energie fehlte.

Wenn er mir doch einfach nur mal zugehört hätte!

Ich hatte mir die Harfe schon unter den Arm geklemmt, Dorli stand, beladen mit Klavierstuhl, CD-Koffer, Notentasche und Kleidersack, hilflos daneben.

Eigentlich wäre es ganz einfach! Die gut eingepackte Harfe hat an ihrer Unterseite ein großes Loch, in dem man den Holzrahmen perfekt in die Hände nehmen und hochheben kann.

Erst fand ich den zweiten Hof nicht und jetzt er den Griff nicht! Meine Nerven!

Aber: Eine Lösung nahte, denn meine unersetzbare Freundin deutete mit dem Fuß an die Stelle, wo die Hände des Herrn im Instrument verschwinden sollten und tatsächlich schafften wir das Monster gemeinsam und in Rekordzeit in den ersten Stock.

Noch 9 Minuten bis zum Konzert.

Der erstaunlicherweise immer noch positiv gestimmte Herr schien Gefallen am Transportieren gefunden zu haben, denn auch jetzt wollte er sich wieder hilfreich einbringen. Er berührte erneut die verschiedenen, am dicken Harfenüberzug angebrachten, Laschen und fragte, wie es jetzt weiterginge.

Zum Glück brachte mir ein verständiger Zuschauer des Spektakels den Harfenwagen nach. Und da mein Nervenkostüm mittlerweile nicht mehr das Beste war, schob ich den Hausmeister kurzerhand mit der wieder fahrbaren Harfe aus dem Weg. Nicht nett, ich weiß, aber in diesem Fall wohl die effektivste Lösung.

Die nächsten Meter: vorbei an einem äußerst verdutzten Security-Mann, weiter eine Treppe abwärts. Die nachfolgenden 80 Meter raste ich, die Harfe vor mir herschiebend, zum vorgesehenen Platz. Das Publikum saß entspannt bereit, ich arbeitete noch daran ...

Die Harfen-Überzüge warf ich erstmal sehr unelegant auf den Boden, eine kurze Nachstimmung war nötig.

Ich könnte mir vorstellen, dass einige Zuschauer dezent irritiert waren, denn zu diesem Zeitpunkt entsprach ich wohl kaum der klassischen Vorstellung einer ätherisch hereinschwebenden Harfenistin. Aber auch für solche Überlegungen fehlte mir einfach die Zeit.

Viel wichtiger war nämlich die Frage, wo denn hier eine Toilette war, auf die ich unbedingt noch vorher verschwinden musste.

Ein hilfreicher Gast kannte sich aus im Gebäude, und, oh Wunder, es gab tatsächlich ein stilles Örtchen.

Nur war das praktischerweise da, wo mein Auto stand - richtig!- nahe des zweiten Hofes.

Also ein Sprint durch die eben noch mit Harfe durcheilten Räume des Schätzlerpalais, zurück ins Erdgeschoss, die Toilette war frei! Juhuu! Ein Sprint zurück in meine hinter der Bühne liegende Garderobe, ein Sprung ins Abendkleid und mit nur einer Minute Verspätung begann ich mit meinem Wassermusikprogramm. Während der ersten Töne dachte ich mir noch, was für ein Glück, dass ich jetzt - atemlos wie ich war - nicht singen oder flöten musste.

Nach dem zweiten Konzert, eine halbe Stunde später, und den üblichen Harfenerklärungen für interessierte Konzertbesucher, war ich völlig erledigt. Die Zuschauer zogen bereits zum nächsten Programmpunkt der Kunstnacht weiter und jetzt wollte ich gerne mal fünf Minuten Pause machen. Aber daraus wurde nichts. Wie aus dem Boden gewachsen stand plötzlich der Herr vom Sicherheitsdienst vor mir. Er meinte, er würde jetzt sofort zusperren und die Alarmanlage in Gang setzen.
Ha! Das war jetzt aber direkt ein Klacks für Dorli und mich. Voll im Training waren meine Harfe und ich ruckzuck umgezogen und zusammen mit einem Harfenstuhl und dem CD-Koffer traten wir den Rückzug an.

Auf den Fotos, die ich Tage später geschickt bekam, sah ich erstaunt die wunderbaren Gemälde an den Wänden meines Konzertortes. Ich nahm mir vor, sie beim nächsten Mal eingehender zu betrachten.

Mein Auto war noch im zweiten Hof, und nach dem Einräumen der Klampfe verließen wir das geschichtsträchtige Gemäuer. Dorli wollte in Augsburg bei ihrem Bruder bleiben und so machten wir uns auf den Weg. Kurz vor dem Haus erwähnte ich, dass ich noch dringend etwas vom Restaurant mit dem „gelben M" bräuchte. Ich wusste, dass kurz vor der Autobahn ein Fresstempel stand!

Und da fiel auch meiner Begleiterin auf, dass eine Kalorienaufnahme jetzt gut in ihr Zeitbudget passen und sie auch einen Mäcki in der Innenstadt kennen würde.

Mein Navi war mit dem neugestalteten Innenstadtbereich der schwäbischen Hauptstadt etwas überfordert - und meine hauptsächlich radfahrende Beifahrerin auch. „Klar kannst du da links abbiegen" - „Äh, nein, da geht es nur geradeaus!" - „Aber da war beim letzten Mal noch ein Parkplatz!"

Solche Gespräche zu mitternächtlicher Stunde heben nicht unbedingt meine Stimmung.

Dann waren wir endlich beim Fastfood-Händler meines Vertrauens.

Vor uns nur ein einsamer Hungriger, das ging sicher ganz schnell.

Und kaum hatten wir lächerliche zwölf Minuten gewartet, waren auch schon die sechs Besucher, die nach uns gekommen waren, abgefertigt.

Hallooo? Was ist an einem Burger mit Guacamole so schwierig? Steht auf meiner Stirn irgendwo „Lassen Sie sich ruhig Zeit, ich habe heute schon genug herumgehektikt!"?

Meine Laune erreichte den Nullpunkt.

Nach einem Machtwort meinerseits rückte der Herr vom Service endlich unsere Bestellung heraus.

Wieder irrten wir ein bisschen durch Augsburg und dann lieferte ich meine wunderbare und so stressresistente Helferin bei ihrem Bruder ab.

Jetzt nur noch eine Autobahnauffahrt finden, dann düste ich mit einem schönen Hörbuch in den Ohren und der Pommestüte auf dem Schoß Richtung Heimat.

Völlig bratfertig, aber auch ganz schön stolz!

P.S. Beim Aufräumen fand ich Tage später einen Schmierzettel. Da-

rauf stand: „Einfach in das Tor geradeaus hineinfahren!"
Der arme Hausmeister träumt wahrscheinlich heute noch von einer
Harfe, die nicht rechtzeitig fürs Konzert auf der Bühne steht und
von einer äußerst zickigen Harfenistin. Mea culpa und Entschuldigung!

3-Sterne-Luxus?!

Als Mitglied der Deutschen Harfenvereinigung treffe ich mich jedes Jahr am 1. Mai mit meinen Zunftkollegen an wechselnden Orten in Deutschland.

Im Jubiläumsjahr zum 50. Geburtstag des Verbandes werden drei Tage für intensiven Austausch veranschlagt. Ich buche mir ein Hotel im Ort.

Leider wollen an diesem Tag viele Leute mit dem Auto verreisen und so stehe ich bereits in München im Stau. Erst 100 Kilometer von zuhause und noch 370 Kilometer bis zur Übernachtungsstätte! Ich muss dort anrufen und meine verspätete Ankunft ankündigen.

Schon die erste Kontaktaufnahme am Telefon gestaltet sich etwas schwierig. Drei Anrufversuche, dreimal fliege ich aus der Leitung. Beim vierten Versuch finde ich – immerhin – Gehör.

„Grüß Gott, mein Name ist Aichhorn, ich habe ein Zimmer bei Ihnen reserviert und wollte sagen, dass ich noch in München bin und etwas später komme."

„Sie haben hier nicht reserviert!" raunzt es mich aus dem Hörer an.

Leicht konsterniert versuche ich es mit einem „Doch, schauen Sie bitte mal, Aichhorn mit „A-i", drei Übernachtungen!"

Gekruschtle, dann im Befehlston „Rufen Sie in 10 Minuten wieder an!"

Sehr wohl, mach' ich! Im Moment stehe ich eh im Stau. Inzwischen habe ich wegen des chaotischen Verkehrs eine mir wohl bekannte Schleichwegvariante gesucht – doch die ist grandioserweise auch verstopft.

Kurze Zeit später, mein fünfter Kontaktversuch beim Hotel:

„Grüß Gott, hier ist nochmal Aichhorn, haben Sie meine Reservierung finden können?"

Die motzige Antwort lautet: „Ja, und was wollen Sie?"

„Äh, ich wollte sagen, dass ich noch in München bin, und auf jeden Fall später am Abend komme," flöte ich ins Telefon.

„Ja, wie viel denn später?"

„Das kann ich Ihnen leider noch nicht genau sagen, vielleicht wird es 21 Uhr? Könnten Sie denn den Schlüssel rauslegen?"

„Nein, wir haben hier kein Schlüsselsystem, sondern nur eine Topfpflanze, in der wir im Notfall etwas deponieren könnten, aber ich bin auf jeden Fall da."

Das ist ja schon mal eine Ansage.

Nun ist dieser 30. April aber scheinbar der Tag der Reisenden. Zum Glück stehe ich ja nicht oft im Stau, denn wenn es mir pressiert - was durchaus mal der Fall ist - reise ich meist staufrei mit den Göttern. Wenn ich aber - so wie heute - persönlich keine Eile habe, kommen auf dem Weg gerne noch einige Verkehrsbehinderungen dazu.

Also ein weiterer Anruf bei der unglaublich interessiert wirkenden Rezeptionsdame auf einer - leider auch wieder - verstopften Ausweichautobahn:

„Guten Abend, hier ist nochmal Aichhorn. So wie es momentan ausschaut, wird die Ankunftszeit doch eher nach 23 Uhr sein. Es tut mir sehr leid, aber ich kann's nicht ändern, der Verkehr ist gigantisch!"

Ein „Können Sie das nicht besser planen?" faucht mich an.

„Äh, nein! Wollen Sie mir jetzt den Schlüssel einfach in Ihre Topfpflanze legen?"

„Nein, ich warte auf Sie!"

Kurzzeitig überlege ich, mir gleich ein anderes Hotel zu buchen, aber ich möchte eigentlich tagsüber gemütlich zu Fuß zum Veranstaltungsort gehen können und so belasse ich es bei der Buchung. Eine mutige Entscheidung ...

Kurz vor Mitternacht erreiche ich das Hotel.
Und ich bin nicht alleine.
Mit mir kommt eine kleine Reisegruppe an.
Mit Schwung nähern wir uns der Eingangstüre, die sich aber als geschlossen erweist.
Eine weißhaarige Frau sitzt an der Rezeption, schaut uns an, macht aber nicht auf.
Ihr Lidschlag zeigt, dass sie weder schläft noch tot ist.
Wir klopfen eine Weile an die Tür, dann ziehe ich mein Handy aus der Tasche und rufe an.
Sie hebt tatsächlich, während sie uns anschaut, ihren Hörer ab, und auf meine Bitte, ob sie die Türe aufmachen könnte, bequemt sie sich erstaunlicherweise doch und lässt uns herein.
Es wundert mich dann auch nicht, dass sie mir zur Begrüßung den Schlüssel auf den Tresen knallt.
Ich bin nicht die Einzige, die irritiert ist, aber um diese Uhrzeit in einem Hotel anzureisen ist wirklich eine Zumutung ...

Am nächsten Morgen sitzt ein nett aussehender Herr hinter der Rezeption. Ich verschone ihn mit meinen Gedanken zur nächtlichen Empfangsfurie.

Nach einem schönen Tag mit meinen Harfenkollegen bin ich dann um 3 Uhr morgens auf der Suche nach einem „Bitte nicht stören-Schild" für meine Zimmertüre.
Leider erfolglos.
Da aber mein Zimmer gestern sowieso nicht geputzt wurde, gehe ich davon aus, dass das die Rache fürs Zuspätkommen ist. Oder in diesem Hotel ist Selberputzen angesagt, dann würde ich somit in der Früh sowieso nicht vom Putzpersonal gestört werden.
Getäuscht.

Um 8 Uhr hämmert es an meine Türe.

Völlig verschlafen kapiere ich überhaupt nichts und drehe mich wieder um. Doch auch in der Zimmertür dreht sich etwas, nämlich ein Zimmerschlüssel – und Sekunden später steht eine mittelalte Putzdame vor mir. Lauthals verkündet sie, dass sie jetzt ihre Arbeit machen müsste.

„Halloooo? Ich schlafe noch!"

„Ja, das hätten Sie halt sagen müssen, dass Sie noch schlafen! Und dann hätten Sie halt ein Schild an die Türe gehängt!"

Da ich jetzt schon mal wach bin, genehmige ich mir eine Dusche. Bei offener Badtür - weiß ich, wie dieser Hygienedrachen so tickt? Nachher steht sie gleich wieder herinnen, weil ich nicht angekündigt habe, dass ich jetzt duschen würde?

Parallel zur Erweckung meiner Lebensgeister durch das warme Wasser steigt auch mein Wutlevel.

Frisch angezogen suche ich mir die Putzfee und motze rum, dass es eine Unverschämtheit wäre, wie man hier behandelt werden würde, und dass ich gerne ein Schild hingehängt hätte, aber keines gefunden hätte!

„In jedem Zimmer ist ein Schild!", schreit sie mich an, definitiv zu laut für diesen Ort und diese Uhrzeit.

„Dann zeigen Sie mir doch einfach das Schild!" schreie ich zurück.

Sie muss erstmal in meines und noch zwei andere Zimmer gehen bis sie eines findet und mir vor den Latz knallt.

Jetzt bin ich richtig wach und gifte die Lady an:

„Sie haben gestern mein Zimmer ja auch nicht gemacht, dann können Sie es sich auch heute sparen!"

Ihr Kommentar ist großartig:

„Gestern war Feiertag und da werden keine Zimmer gemacht. Wir sind ja schließlich kein 5, sondern nur ein 3-Sterne-Hotel!"

Ob ich zu dem netten Herrn an der Rezeption doch mal besser etwas sagen soll?

Ich verzichte, weil er gerade ein älteres Ehepaar vor sich hat, das sehr umständlich eine Wegbeschreibung erfragt. Egal, ein ganzer Tag rund um die Harfe steht vor mir, ich brauche meine Energie. Der Tag und die darauffolgende Nacht verlaufen komplikationslos.

Dann ist auch schon mein letzter Morgen in dieser Wohlfühloase gekommen. Und ich habe Glück.

Unglaubliches Glück.

Denn: Die Putzfee von gestern ist die Frühstücksdame von heute!

Recycling oder Multitasking - die Dame scheint viele Talente zu haben und ich bin mittendrin.

Die Frühstückszeit ist von 7 bis 10 Uhr angegeben, ich komme 5 Minuten vor 9 Uhr.

Das Frühstück im Kühlbuffet wird gerade von der vielseitig eingesetzten Dame mit einer Tischdecke zugedeckt.

Wenn Blicke töten könnten, würde ich mich jetzt wahrscheinlich gerade in Luft auflösen.

Aber wenn ich hungrig bin, kenne ich kein Pardon. Meine Hand zuckt zum Müsli, da nimmt mir der Hausdrache allen Ernstes vor meinen Augen und noch bevor ich zugreifen kann, die Milch weg. So nicht, Gnädigste! Ich renne ihr in die Küche nach und hole mir die Milch zurück.

Sie versucht tatsächlich, mir die Kanne aus der Hand zu reißen.

Die Gäste im Restaurant schauen schon ganz irritiert, denn wieder überschreitet unsere Kommunikation den Zimmerlautstärkepegel.

Während Madame „Sie bekommen hier gar nichts mehr", brüllt, lasse ich mir geschickt heißes Wasser aus der Maschine und entwende der Wahnsinnigen im Vorbeigehen einen Teebeutel.

Jetzt reicht's, ich verlange den Chef.

Die patzige Antwort „Der ist nicht da", geht im allgemeinen Kopfschütteln der anderen Gäste und in den Beileidsbezeugungen für mein entgangenes Frühstück unter.

Wieder Zuhause schreibe ich dem Chef eine E-Mail.

Seine Antwort:

Sehr geehrte Frau Aichhorn,

ich wende mich hier an Sie, um mich für Ihre Unannehmlichkeiten im Laufe Ihres Aufenthaltes in unserem Hotel zu entschuldigen. Jedes einzelne Vorkommnis ist schwer zu entschuldigen, aber die Summe aller Vorgänge war für Sie sicher nicht vorstellbar.

Ich habe mit den betroffenen Mitarbeiterinnen gesprochen und Sie haben durch Ihre berechtigte Kritik einige Veränderungen bewirkt.

Sollten Sie nochmals einen Aufenthalt im Raum Mannheim planen und sich nochmals in unser Haus begeben wollen, so werden wir Ihren Aufenthalt für die ersten drei oder bis zu drei Tagen nicht berechnen. Wir hoffen, Ihnen hiermit ein Zeichen unserer ernsthaften Entschuldigung zu geben.

Mit freundlichen Grüßen

Ich habe also noch drei freie Übernachtungen in diesem Hotel. Wenn Sie sich dafür interessieren, dann kann ich gerne schauen, ob eine Übertragung auf Sie möglich ist. Wäre ja schade, wenn diese großartige Möglichkeit verfällt!

Triumphgemüse

Ein schönes Ritual ist es, am Ende eines Konzertes mit einem Präsent „überrascht" zu werden.
Meist wartet die mit dem Überbringen der Überraschung beauftragte Person schon seit dem vorletzten Musikstück nervös hinten an der Türe im Saal, um dann doch oft erst nach einem auffordernden Blick meinerseits, den Weg zur Bühne zu wagen.
Das Präsent kann ein Strauß Blumen, eine Flasche Wein, eine aufwendig verpackte Ortschronik des Konzertortes, eine Foto-CD über das Festival oder auch gerne mal eine Tasse mit Aufdruck sein.
Nicht alles davon erlebt oder überlebt den Transport bis nach Hause.

Nett ist es schon, wenn man post-konzertant eine Weinflasche in die Hand gedrückt bekommt. Aber teilweise ist es auch echt unpraktisch, zum Beispiel, wenn man nur mit Handgepäck und Flugzeug reist. Da ich jedoch meistens mit dem Auto unterwegs bin, fällt so ein Fläschchen nicht ins Gewicht.

Nun hat jeder von uns so seine Vorlieben und deshalb besteht auch bei mir eine kleine Problematik:
In einer meiner Lieblingskirchen bekomme ich fast jedes Jahr einen Bocksbeutel in die Hand gedrückt. Dieser stammt, nicht nur bei diesem Veranstalter, sondern auch bei anderen, vorzugsweise vom Würzburger Weinberg Steinharfe.
Sie merken gleich, da hat sich jemand wirklich was dabei gedacht!
Der Pfarrer, den ich sehr schätze, überlegt sich immer ein paar nette Worte dazu und übergibt mir dann mit großer Geste das edle Gesöff.
Das Publikum dieser Kirche kennt das Prozedere schon und wartet auf den jährlichen Running Gag im Advent.

Denn nach dem Überreichen bedanke ich mich jedes Mal mit den Worten, dass sich mein Mann sicher über den Wein freuen werde, weil ich ja keinen Alkohol trinke.
Der nette Pfarrer klatscht sich dann jedes Jahr wieder ans Hirn, alle lachen und er verspricht mir und dem Publikum, dass er es sich jetzt dann doch mal merken möchte. Ich bin gespannt.

Bei den Blumen unterscheiden sich die Arrangements je nach Gegend, Budget und Geschmack und schwanken zwischen einer einzelnen Sonnenblume bis zum 4,5-kg-Bouquet.
Da man Konzerte ja nicht nur in 50 Kilometer Entfernung zu seiner Heimatstadt spielt, müssen die Treibhausprodukte danach fast immer eine Reise hinnehmen. Es liegt in der Natur der Sache, dass ihnen das selten gut bekommt. So landen meine Sträuße gerne als recycelte Gabe bei den örtlichen Putzdamen oder Hausmeistern, mit freundlichem Gruß an die mir unbekannte Gattin, das Gspusi (zu Deutsch: amouröse Lebensabschnittsbegleitung) oder die Schwiegermutter.
Oder aber ich fahre in der Nacht noch bei meiner Mami vorbei und stelle ihr das Wunder der Floristik in die Küche.
Trotzdem ist es irgendwie schade um die schönen Blumen. Und auch wenn Triumphgemüse wunderbar aussieht, ich würde, ganz ehrlich, Schokolade oder Mozartkugeln bevorzugen: leicht zu transportieren, geschmacklich unbestritten, weder zerbrechlich noch vertrocknend. Und mein Auto hat ein gekühltes Handschuhfach. Nur mal so als Tipp ...

Manchmal muss ich mir die Blumen nach dem Konzert sogar selbst überreichen. Aber lesen Sie hier:

Pfälzer Logistik

Ein Streichquartett und ich sollten vor ein paar Jahren im Rahmen der Konzerte der Villa Musica auf Burg Trifels bei Neustadt an der Weinstraße spielen.

In dem herrlichen Bau, der hoch oben auf einem Felsen thront, befinden sich Nachbildungen der Reichskleinodien des Heiligen Römischen Reiches, außerdem war der englische König Richard Löwenherz dort einige Wochen in Gefangenschaft.

Die Aussicht von der Burg ist grandios, ein Besuch dieses geschichtsträchtigen Ortes ist absolut empfehlenswert!

Da kann man sich auch gut vorstellen, wie zum Beispiel im 12. Jahrhundert die Minnesänger auf dieser Burg vorbeikamen, um im Rittersaal unter dem riesigen schmiedeeisernen Kronleuchter bei einem schönen Gelage die neuesten Nachrichten zum Besten zu geben.

Für ihre musikalische Begleitung hatten sie gerne eine kleine und gut transportierbare Harfe im Gepäck.

Diese zierlichen Instrumente wogen damals ca. 6 kg. Damit ließ es sich leicht die zahlreichen Stufen in den ungefähr siebten Stock des Gebäudes steigen.

Aber wie sollte ich das jetzt mit meiner 40-kg-Harfe bewerkstelligen?

Denn genau in dem ganz oben in der Burg angesiedelten Rittersaal würde das Konzert stattfinden.

Früher war mein Ehrgeiz, beim Transport meines Instrumentes voll mitzuhelfen, noch sehr hoch. Heute bin ich da nicht mehr so ambitioniert ...

Aber am Trifels schleppten ein Helfer und ich das Monster zuerst über einen längeren Zufahrtsweg zum Eingang der Burg, durch wuchtige Türen, über vom Regen schmierige Außentreppen, gewendelte Stufen und Gänge bis ins oberste Geschoss.

Auch wenn ich die unsägliche Frage „Warum spielen Sie eigentlich nicht Flöte?" nicht mehr hören kann, muss ich gestehen, dass sie mir ab dem dritten Stock nicht mehr aus dem Kopf ging. Was für eine abartige Schlepperei. Und danach sollte ich zwei der schwierigsten Kammermusikstücke für Harfe mit Streichquartett spielen. Mein Helfer hatte längst das Sprechen eingestellt, ich hörte nur noch sein Schnaufen hinter mir.

Aber Sport soll ja generell sehr gesund sein und so erreichten wir, mit fast abfallenden Armen, tatsächlich besagten Raum.

Wenigstens war schon eine Bühne hergerichtet, nicht auszudenken, wenn wir die auch noch hätten schleppen müssen.

Ehrlich gesagt hätte ich das diesem Veranstalter durchaus zugetraut. Denn als ich völlig schlapp vor ihm stand und ihn um einen Klavierstuhl bat, rollte er die Augen nach oben und stöhnte: „Jetzt braucht sie auch noch einen Stuhl!" Meine Verwunderung kommentierte er mit: „Sie werden ja wohl im Stehen spielen können!" Von wegen „Frohlocken leichtgemacht".

Mein Auftritt war mit Beginn der Pause beendet, und ich freute mich, dem Streichquartett im zweiten Konzertteil in dieser besonderen Atmosphäre zuhören zu dürfen.

Ich saß mit geschlossenen Augen am Ende des Saals im Eingang zu einem offenen Raum, der zur Musikergarderobe umfunktioniert war.

Kurz vor Schluss des Konzertes tippte mich plötzlich jemand auf die Schulter.

Da stand er, mein ganz spezieller Veranstalterfreund! Er drückte mir einige Blumensträuße in die Hand, mit der Aufforderung, diese den Musikern auf der Bühne zu überreichen. Mein Einwand, dass ich vor der Pause die Solistin war, bügelte er ab mit einem „Na dann hatten sie ja jetzt genug Zeit zum Ausruhen".

Er ließ nicht locker und so verteilte ich die Blumen zuerst an meine Mitmusiker und behielt dann einen Strauß Triumphgemüse für mich selbst. Pappnase.

Auf Augenhöhe

Als Musikerin mit Konzerten im In- und Ausland komme ich regelmäßig mit hochgestellten Persönlichkeiten zusammen. Ich finde dieses Gehampel um Macht, Geld oder Einfluss einfach nur störend. Für mich zählt das Gegenüber als Mensch. Manchmal kann meine Nonchalance deshalb auch fast ein bisschen nach hinten losgehen...

Einige Jahre wurde ich sehr regelmäßig in die Bayerische Staatskanzlei eingeladen. Der damalige Protokollchef hatte sich zu meinem Fan erklärt und so war meine Musik für diverse konsularische Neujahrsempfänge, deutsch-israelische Feierlichkeiten und Ministertreffen gefragt. Bei einem dieser Anlässe kam es zur ersten Begegnung mit dem damals amtierenden bayerischen Ministerpräsidenten Horst Seehofer. Seine Vorgänger Dr. Edmund Stoiber und Günther Beckstein hatte ich auch schon kennengelernt und mit meinen 1,83 m war es immer ein komisches Gefühl, auf den Fotos einen halben Kopf größer daneben zu stehen. Nun kam also Herr Seehofer mit Gefolge auf mich zu und mir rutschte allen Ernstes ein „endlich mal ein Ministerpräsident in meiner Höhe!" raus. Der Protokollchef schaute mich etwas irritiert an - ich bin mir nicht sicher, ob er es wirklich gehört hatte. Zum Glück konnte ich die Situation irgendwie überspielen und freute mich, dem Ministerpräsidenten „auf Augenhöhe" die Hand zu schütteln.

Manche Menschen sind aber dann doch wirklich etwas Besonderes. Und davon erzählt meine nächste Geschichte.

Der Traditionszipfel im Vatikan

oder: Wie die Traunsteiner Weißwurst nach Rom kam

Manchmal geschehen Wunder.
Und in dieser Geschichte aus meinem Leben hat es gleich mehrere göttliche Fügungen gegeben.
Aber von vorne.
Wie schon erzählt, habe ich seit vielen Jahren die Ehre, den Neujahrsempfang des bayerischen Ministerpräsidenten in der Münchner Residenz musikalisch zu umrahmen.
Der Ort meines Auftrittes ist meist ein Zimmer der Kurfürstin, in dem ich drei Stunden lang dekorativ sitze und „die Harfe schlage", während das Defilee an mir vorbeizieht.
Beim Defilee stellen sich die geladenen Gäste, die gut zu Fuß sind und vorher praktischerweise schon einen leichten Happen zu sich genommen haben, in einer ewig langen Schlange an, um dann nach noch ewig längerer Warterei dem jeweils amtierenden Ministerpräsidenten am Ende des Gangs der Kurfürstenzimmer die Hand zu schütteln und die Neujahrswünsche zu überbringen.
Zu den Geladenen zählen Ehrenamtliche, Geistliche aller Konfessionen, Sportler, Künstler, die jeweilige Honig- und Weinkönigin, die gekrönten Häupter aus der Holz-, Hopfen-, Bier-, Rosen-, Spargel- und Apfelbranche, meist ausgerüstet mit einem großen Geschenkkorb für den Landesvater, Studenten aus dem erlauchten Maximilianeum (die oft am meisten Radau beim Anstellen machen), lokale Politiker und so weiter.

Wer sich also Defilee-technisch auskennt, der kommt schon um 18 Uhr, stellt sich ganz vorne in die Reihe und hat dann die Chance, gegen 19.15 Uhr als einer der Ersten die Honneurs zu machen.

Wer sich noch nicht so gut auskennt, kommt später, reiht sich ganz hinten ein und wartet dann eine gefühlte Ewigkeit, bis er dran ist. Immerhin bewegt er sich dabei so schnell durch die Räume der Residenz wie ein Auto am Freitagnachmittag auf dem Mittleren Ring in München. Als kleiner Pluspunkt kann er dafür die Schlaf- und Ankleidezimmer oder den Salon der Kurfürstin ausgiebigst bewundern.

Und noch ein guter Grund für ein späteres Kommen: Der wartende Mensch defiliert an mir vorbei und wird temporär beklampft.

Die, die sich besonders gut auskennen, biegen übrigens gleich im Cuvilliés-Theater-Aufgang nach rechts ab und kommen auf direktem Weg ans Buffet. Im Defilee werden eh keine Getränke gereicht und was ist schon so ein präsidialer Händedruck ...

Dann gibt es noch die Mitglieder des Bayerischen Kabinetts, die jedes Mal ganz zum Schluss, wenn ich eigentlich mental schon beim Aufräumen bin, im fliegenden Galopp durch die Prunkräume eilen, um ihrem Vorgesetzten vor den Augen der Presse noch die Hand zu schütteln und ihm ihre mehr-oder-weniger-Zusammenarbeit im nächsten Jahr zu bestätigen.

Mit „Sie kommen!" werde ich immer vom Protokoll zurück an die Harfe gescheucht und bevor ich auch nur die erste Zeile beenden kann, ist der Kabinettstornado an mir vorbeigerauscht.

Da aber eine lange Spielerei unter Dauerbeobachtung immer auch Hunger macht, bin ich über den ministerialen Vorbeiflug nie wirklich unglücklich.

Sollten Sie also einmal eine Einladung zum Neujahrsempfang bekommen, dann wissen Sie zumindest, was Sie erwartet, und Sie können sich schuh-, toiletten- und ernährungsmäßig drauf einstellen. Wie gesagt, gleich am Anfang müssen Sie sich - wie so oft im Leben - für links oder rechts entscheiden.

Zur Erinnerung: rechts geht es direkt zum Buffet (ohne Händedruck).

Jetzt wissen Sie alles über das standesgemäße Anstellen beim Neujahrsempfang. Und genau da nahm die Geschichte mit den Wundern seinen Anfang.

Ich saß zur Halbzeit des Defilees zupfenderweise im prächtigen Ankleidezimmer der Kurfürstin, als ein großer Mann aus der Reihe auf mich zusprang. Er schrie mich fast an: „Wie heißen Sie?". Ich, etwas irritiert, weil ich gerade ein schweres Stück spielte und dabei nie richtig sprechen kann, nannte ihm meinen Namen. Daraufhin hörte ich den Mann, während er aufgeregt auf mich deutete, in voller Lautstärke trompeten: „Des is' DIE Silke Aichhorn, von der hab' ich eine CD, und die müssen Sie sich kaufen, die ist toll!"

Der Mann - finde ich - hat Geschmack.

Als ich den Herrn später zwischen VIPs und Buffetstationen wieder traf, outete er sich als der Landrat eines fränkischen Landkreises.

Voller Begeisterung lud er mich ein, ein Konzert bei ihm zu spielen - und bitte noch bevor er in Rente gehe.

Ich freute mich sehr, für April fanden wir einen Termin.

Kurz vor Ostern reiste ich also zu meinem Fan in den fränkischen Landkreis.

Der demnächst zu pensionierende Landrat und ich fanden schon zur Begrüßung einige Gemeinsamkeiten. So war er zum Beispiel Patient meines Zahnarzt-Opas in Freilassing und kannte Traunstein im schönen Chiemgau gut. Auch deshalb kündigte er mich beim Auftritt mit meiner Heimatstadt an und vermerkte, dass dort der frühere Papst seine Kindheit verbracht hatte.

Nach meinem Konzert eilte der ortsansässige Pfarrer auf mich zu und fragte, ob ich einmal bei ebendiesem Papst - Benedikt XVI., der zu der Zeit noch in Amt und Würden war - in Rom spielen wolle.

Nun trifft man ja im Laufe eines Musikerlebens auf viele ungewöhnliche Menschen, hört spannend klingende Anfragen, Versprechungen und Angebote, die oft nie realisiert werden.
Ich sagte deshalb zwar natürlich sofort zu, hakte das Ganze dann aber auch gleich unter nicht-zu-erwartende-Ereignisse ab.

Zwei Wochen später fand ich auf meinem Anrufbeantworter die Nachricht, dass sich der Papst über ein Harfenkonzert freuen würde. Ob ich nach wie vor bereit wäre?
Ich überließ einem fränkischen Anrufbeantworter meine Antwort, dass dies selbstverständlich gerne der Fall sei.
Wieder 14 Tage später bekam ich die Botschaft, dass es am 11. August soweit sein sollte und ob mir das passen würde?
Ich konnte es immer noch nicht glauben. Aber nachdem ich auch noch den Organisator persönlich am Telefon hatte, stand alles fest.

Sonst habe ich eigentlich keine Probleme mit Lampenfieber, aber dieses Mal hatte ich ehrlich gesagt doch etwas Schiss - so 60 Minuten alleine vor dem Papst! Außerdem liebt seine Heiligkeit Mozart und Bach und da schaut es auf der Harfe nicht ideal mit dem Repertoire aus. Also einigten wir uns auf ein Konzert mit meinem wunderbaren Flötisten Dejan Gavric.

Der Rest ist schnell erzählt.
Am Flughafen in München rief mich mein Flötist aus seinem Kroatien-Urlaub an. Er habe die Nacht kaum geschlafen, weil er wohl

etwas Schlechtes zum Abendessen erwischt hätte.

Zudem wäre er leicht fiebrig und er wüsste jetzt auch nicht, ob er den Flug ab Split nach Rom nehmen könne.

Ich dachte mir, dass, solange nicht ganz genau geklärt ist, warum die Dinosaurier ausgestorben sind, die Männergrippe nicht verharmlost werden darf und war froh, dass ich auch ein komplettes Soloprogramm im Gepäck hatte.

Apropos Gepäck beziehungsweise Gebäck: Beim Bäcker meines Vertrauens hatte ich mir einen großen Laib Brot für Seine Eminenz mitgenommen. Unser Metzger, der mit den besten Weißwürsten am Ort, hatte mir ein paar davon frisch vakuumverschweißt. Der Traditionszipfel Bayerns musste unbedingt mit in den Vatikan. Ein Glas süßer Senf war auch dabei.

Alles in einer Kühltasche verstaut, die die zu erwartenden 35 Grad in Rom hoffentlich aushalten sollte.

An meinem Check-In-Schalter diskutierte ich also um halb acht Uhr morgens am Telefon mit Dejan, ob er jetzt käme oder nicht. Ich konnte ihn dann doch noch überzeugen.

Angekommen in Rom, fanden wir auch tatsächlich einen sehr netten Apotheker, der sich mit Männern auskennt und ihm eine Familienpackung Magnesium verkaufte, um die verlorengegangenen Elektrolyte wieder zu ersetzen.

Am nächsten Tag trafen wir uns mit dem Chef der Schweizer Garde und der angelieferten Leihharfe an der verabredeten Pforte. Das Konzert sollte im Studio von Radio Vatikan, dem Auslandsrundfunk des Heiligen Stuhles stattfinden. Mit einem Privatshuttle wurden wir in das Gebäude gebracht, dass sich inmitten der Vatikanischen Gärten, gleich in der Nähe des Klosters, in dem Papst Benedikt XVI. wohnt, befindet.

Meine bayerischen Gaben überreichte ich einer der schon anwesenden Klosterschwestern, der Privatsekretär seiner Eminenz, Georg Gänswein, war leider nicht da. Zu gerne hätte ich diesen schönen Mann auch einmal live gesehen.

Dafür kamen viele andere Gäste: der nette Pfarrer, der alles' organisiert hatte, der jetzt bereits pensionierte Landrat, einige Würdenträger, der Bruder des Heiligen Vaters, Georg Ratzinger und die Schwestern aus dem päpstlichen Haushalt. Vom ersten Stock des Radiogebäudes verfolgten wir gespannt die Ankunft Seiner Heiligkeit.

Der würdevolle Auftritt Benedikt XVI. überstrahlte alles. Als er in den Saal kam, applaudierten die Besucher, um ihm die Ehre zu erweisen.

Nach zwei kurzen Ansprachen durften Dejan und ich aus unserer angrenzenden Garderobe kommen. Und was soll ich sagen? Es wurde ein schönes Konzert! Die Spannung fiel schnell ab, der musikalische Papst lauschte mit geneigtem Kopf.

Nach unserem Auftritt bekamen wir einen Rosenkranz. Von Dejan wollte Benedikt XVI. wissen, welcher Religion er angehöre. „Serbisch-orthodox", antwortete dieser. „Da haben wir aber kein Problem miteinander, oder?" lächelte ihn der Heilige Vater an. Ich bin übrigens evangelisch, aber das wollte der Papst nicht wissen. Ich übermittelte ihm die Grüße aus seiner Heimat, die er sichtlich berührt in Empfang nahm.

Danach unterhielt ich mich noch mit seinem Bruder, Monsignore Georg Ratzinger, der mich zu meiner Heimatstadt Traunstein ausfragte. Er kannte die ehemalige Gärtnerei meines Schwiegervaters und wir tauschten einige Anekdoten aus.

Nach dem Konzert in Rom liefen wir bei Vollmond und herrlichen

Temperaturen und völlig beseelt durch die Vatikanischen Gärten zum Hotel.

Ob die Traunsteiner Weißwurst die Reise in der Hitze überstanden hat? Ich weiß es nicht. In der Zeitung stand auf jeden Fall nichts von einer päpstlichen Magen-Darm-Grippe.

Ich aber bin mir ganz sicher, dass es keine Zufälle gibt, denn zwei Jahre später traf ich den päpstlichen Bruder nach einem Solokonzert in Regensburg. Frühmorgens schob ihn eine Klosterschwester mit dem Rollstuhl auf der Straße. Ich begrüßte ihn und sagte, dass ich seinem Bruder und ihm in Rom vorgespielt hätte. Er überraschte mich mit dem Kommentar, dass ihm seine Helferin am Tag zuvor schon die Ankündigung meines Regensburger Auftritts aus der Zeitung vorgelesen und er sich sofort an das schöne Flöte-Harfe-Konzert erinnert habe.

Solche Zusammentreffen können meinem Gefühl nach nur passieren, wenn himmlische Missionen Wirklichkeit werden sollen!

Häutungsprozesse

Sehr oft werde ich gefragt, warum ich eigentlich Harfe spielen würde und ganz ehrlich, diese Frage stelle ich mir selbst auch ab und zu. Mittlerweile weiß ich, dass sich das der Herrgott für mich ausgesucht hat und dafür bin ich täglich dankbar! Was für ein Geschenk, wenn man tun darf, was man kann und damit auch noch sich selbst und vielen anderen eine Freude macht!

Nachdem ich mit meinen damals 12 Jahren zwei Jahre lang meine Eltern genervt hatte, mit Harfe beginnen zu dürfen, bekam ich endlich eine Chance.
Meine Mutter hatte mich, schnell begeisterungsfähigen Menschen, anfangs erst einmal eingebremst. Ich spielte schon Klavier und hatte vier jüngere Geschwister, das fünfte war unterwegs. Ich war grundsätzlich im Turbomodus bei Sport, Schule, Musik, Chor, Basteln, Stricken, Nähen, Spielen und so weiter.

Aber der Harfen-Wunsch war dann doch keine Eintagsfliege und meine Beharrlichkeit veranlasste meinen Vater zu der Entscheidung, dass ich jetzt eine Harfe bekommen sollte.
Diese fand sich dann tatsächlich, kurz vor Weihnachten, in der Heimatzeitung inseriert. So bekam ich vom Christkindl die 25. Volksharfe aus dem Musikhaus Fackler in Traunstein.
Über viele Jahre hatte ich danach die Ehre, die jeweilige Jubiläumsharfe vorzustellen. So hatte ich die 200., die 500. und auch die 1000. Volksharfe in Händen. Mittlerweile sind fast 3000 dieser Traunsteiner Harfen weltweit im Einsatz. Der Harfenbauer Karl Fischer war eigentlich Ingenieur und hatte ganz pragmatisch mit dem Harfenbau angefangen. Mein Instrument hatte noch ein hiesiger Schreiner gefertigt, die Pedale gingen unglaublich zäh, aber ich war glücklich!

An der Traunsteiner Musikschule gab es zu der Zeit noch nicht lange Harfenunterricht.

Die pensionierte Hochschulprofessorin Ursula Lentrodt hatte mit Beginn ihrer Rente angefangen, eine Musikschulstelle für Harfe in Traunstein einzurichten.

In einer der ersten Harfenstunden, die ich dann bei ihr beginnen durfte, sagte sie zu mir:

„Und du wirst mal Harfenistin!"

Mir war überhaupt nicht klar, was diese Aussage bedeutete, aber ich bin heute noch glücklich und dankbar, dass Frau Professor meine Zukunft schon gesehen hatte.

Da sie über 70 Jahre alt war, sehr unter Arthrose litt und mit zwei künstlichen Hüftgelenken auch keine Pedale mehr treten konnte, spielte sie mir leider nie vor. Aber sie lehrte mich die Liebe zur Harfe.

Leider sind Liebesbeziehungen in Zeiten der Pubertät großen Belastungen ausgesetzt und so wollte mich die alte Dame des Öfteren aus ihrer Gunst entlassen. Sie konnte nicht direkt verstehen, dass Volleyball, Handball, Badminton, Klettern, Skitouren, Alpenverein, Schülerzeitung, Schülersprecher und vieles mehr, einiges an Zeit verschlangen.

Zeit, die dann für intensive Arbeit am Instrument fehlte ...

Ach so, in der Schule war ich natürlich auch noch.

Immerhin hatte ich den Klavierunterricht zwischenzeitlich beendet.

Auf jeden Fall war es für die Grand Dame und mich nicht immer einfach. Eine positive Wirkung aber hatte mein ungenügendes Üben doch: Meine, für eine Harfenistin sehr guten Vom-Blatt-Spiel-Fähigkeiten sind - zwangsläufig - daraus entstanden und ich profitiere täglich davon.

Mittlerweile war ich kurz vor dem Abitur angelangt, die schlimmsten Höhen und Tiefen meiner durchwachsenen Überei waren überstanden, das Harfespielen war wieder in den Vordergrund gerückt. In Ermangelung eines Internets konnte ich leider nicht einschätzen, was sich sonst harfentechnisch auf der Welt so tat. In meiner Heimat jedenfalls war ich diejenige, die diesbezüglich am weitesten war, das musste reichen.

Ich hatte geplant, nach dem Abitur ein Jahr lang Pause zu machen und mich in dieser Zeit auf ein Harfenstudium vorzubereiten. Dieses Mal nicht abgelenkt von schnöden Schulveranstaltungen, sondern ganz seriös mit ordentlichem Üben.

Gleichzeitig kochte ich für die achtköpfige Familie zu Mittag und, um mir eine bessere Konzertharfe zu finanzieren, bediente ich abends in einer Kneipe.

In eben dieser waren sich die Besitzer nach meiner ersten Schicht nicht ganz einig, wie es mit mir weitergehen sollte. Ich war zwar sehr schnell und fleißig, aber da ich auch schon damals keinen Alkohol trank, hatte ich erstmal keine Ahnung davon, welches Getränk und wie viel davon in welches Glas gehörte.

Damals gelang mir beispielsweise auch folgender Fauxpas, als ich von einem netten Konzertveranstalter zum schicken Essen eingeladen worden war. Er hatte gleich für uns beide bestellt. Als der Oberkellner dann vor mir stand und fragte, wie ich denn mein Chateaubriand gerne hätte, antwortete ich mit „Danke, ich trinke keinen Wein".

Frau Aichhorn im tiefen Tal der Ahnungslosigkeit ...

In der Kneipe hatte ich aber nach einer eingeräumten Testphase den Durchblick und gehörte zum festen Personal. Meine Tage waren also mit Üben, Kochen, Bedienen und Freizeit gut ausgefüllt.

Eines Tages meinte Frau Prof. Lentrodt, dass ich doch mal nach Lausanne fahren sollte, um mir den Unterricht bei einer gewissen Chantal Mathieu anzusehen.

Zusammen mit einer Harfenstudentin aus München, die nach einem Aufbaustudienplatz schauen wollte, nahmen wir den Zug in die Schweiz. Die Kollegin hatte alles mit der französisch sprechenden Professorin organisiert und so glaubte ich mich in sicherem Fahrwasser.

Wir sollten bis nach Genf fahren, dort in einer Herberge, die nur junge Frauen aufnahm, übernachten und am nächsten Tag in den Wohnort von Madame Mathieu, im benachbarten Frankreich, kommen.

Mein Leistungskursfranzösisch war noch gut in Schuss und so funktionierte alles bestens. Weil wir das Fahrtgeld von wahrscheinlich 1,50 Schweizer Franken sparen wollten, liefen wir die sechs Kilometer zu Fuß ins Örtchen Gaillard, um dann tiefgefroren und müde am Grenzübergang auf Chantal Mathieu zu warten.

Meine Begleiterin hatte wohl eher theoretisch als praktisch im Voraus mit Madame Mathieu ausgemacht, dass wir sie anrufen sollten, wenn wir da wären.

Leider sind theoretische Kenntnisse nicht immer zielführend, vor allem, wenn nur der eine - in diesem Fall nicht vorhandene - Gesprächspartner weiß, was wirklich ausgemacht ist ...

Wir riefen erst einmal nicht an und ich weiß bis heute nicht, wie meine Begleiterin glauben konnte, dass unsere eventuell zukünftige Lehrerin wissen sollte, dass wir an der Grenze standen. Vielleicht hoffte sie auf Telepathie?

Wir warteten und warteten und schauten in jedes Auto, ob Chantal Mathieu drinnen saß. Leider wussten wir auch gar nicht so genau, wie sie aussah, was das Ganze nicht wirklich vereinfachte. So verging die Zeit.

Irgendwann war ich dann so hungrig und durchgefroren, dass ich mutig zur Telefonzelle schritt und die Nummer der Professorin wählte. Blöderweise empfing mich in der Leitung ein französischer Anrufbeantworter, auf dem ich mich doch nicht traute, eine Nachricht zu hinterlassen.
Aber die Lehrerin kapierte schnell und 10 Minuten später stand sie live und in Farbe vor uns.

Bei ihr zuhause bekam ich den ersten Earl-Grey-Tee meines Lebens serviert, fand ihn (damals) grauenhaft, saß erschöpft im Harfenzimmer und hörte bei der fortgeschrittenen Kollegin zu.
Dann kam ich an die Reihe.
Während meiner Performance nahm die renommierte Französin einen Stift in die Hand und meine Noten waren kurze Zeit später ein Kunstwerk in Rot. Ein Fehler jagte den nächsten. „Und die Handhaltung! Was für eine Katastrophe!"
Am Schluss ließ sie mich wissen, dass sie mich trotzdem gerne in ihrer Klasse haben würde, wir dann aber noch einmal gemeinsam ganz von vorne anfangen müssten.
Ich konnte diese Information nicht wirklich einordnen, weil ich ja bis zu diesem Zeitpunkt geglaubt hatte, dass alles, was ich so machen würde, richtig sei. Ich kannte nur die Handhaltung, die ich von meiner lieben Frau Prof. Lentrodt gelernt hatte. Dass diese nicht mehr state-of-the-art war, konnte ich einfach nicht wissen ...

Chantal Mathieu brachte uns gleich im Anschluss an unser Vorspiel zur Straßenbahn zurück, mit der wir zum Genfer Bahnhof fuhren.

Meine Begleiterin hatte im Vorfeld ausgemacht, den Harfenbauer DAVID persönlich, bei sich zuhause im Schweizer Jura zu besuchen. Damals noch etwas schüchtern, fragte ich, ob ich da wohl auch mitfahren könne, denn es war klar, dass ich es mit dem letzten Zug nicht mehr bis nach Hause und noch nicht einmal bis zur deutschen Grenze schaffen würde.

Leider war auch meine Begleiterin unsicher und wir beschlossen in der Tram, dass ich es doch zumindest in Richtung Deutschland versuchen sollte.

Also sprintete ich mit meinem letzten deutschen Geld zum Wechselschalter des Bahnhofs. Und weil es wirklich zum Zug pressierte, stellte ich mich forsch direkt vor die Touristenschlange, riss die mir dort gewechselten Schweizer Franken an mich, löste ein Ticket am Automaten und raste zum Zug.

Da saß ich dann, im Geldbeutel noch einen blauen Schein, den ich - wie sein damaliges deutsches Pendant - irrtümlich für zehn statt der tatsächlichen zwanzig Franken hielt und war den Tränen nahe.

Im Zug kam ich mit ein paar Mitreisenden ins Gespräch und die hilfreichen Vorschläge prasselten auf mich ein.

Es war klar, dass der Zug nur noch bis St. Gallen fahren würde, dann war Endstation.

Ein etwas schmieriger Typ älteren Semesters erbot sich sogar, mir in seiner Wohnung ein Bett zu richten, er käme gerade aus der FKK-Sauna in Bern, hätte sich gut erholt und würde mir gerne helfen. Kurz war ich versucht, dieses Angebot anzunehmen.

Zur Entschuldigung: ich bin ein Landkind, damals gab es ja kein Internet und in meinem Lebensbild keine bösen Menschen! Glücklicherweise riet mir mein Instinkt dann doch davon ab.

In St. Gallen angekommen, es war nach Mitternacht, begab ich mich zum Bahnhofsvorsteher. Ich fragte ihn, ob ich in einem leeren Waggon schlafen dürfe. Er empfahl mir, gegen 1 Uhr wieder zu ihm zu kommen. Das tat ich dann auch und er zeigte mir einen Waggon auf einem Abstellgleis. Eigentlich hatte ich mich mental schon auf einen Schlafwagen mit Ausstreckmöglichkeit eingestellt, aber den völlig fertigen Wagen, den er mir hier anbot?! Jetzt konnte ich auch nicht mehr ablehnen.

Also ringelte ich mich im fahlen Schein der Bahnhofslichter in meinem zum Glück mitgenommenen Schlafsack auf einer Zweimannbank zusammen und versuchte, meinem Frust keine Chance zu geben.

Irgendwann fiel ich in einen unruhigen Schlaf, aus dem ich aber gegen halb vier Uhr morgens jäh durch zwei Putzmänner wieder gerissen wurde. Die beiden waren mindestens genauso erschrocken wie ich.

Wir unterhielten uns eine Weile und als der Bahnhofsruheraum um 5.30 Uhr wieder geöffnet wurde, legte ich mich zwischen die anderen Heimatlosen und wartete auf den ersten Zug nach Deutschland.

Der Zug kam und gegen Mittag fiel ich meinem damaligen Freund und heutigen Mann komplett erledigt, in Füssen, wo er als Förster die Wälder rund um Neuschwanstein und Hohenschwangau hütete, in die Arme.

Dieser Kraftakt meiner ersten Harfenstunde hat mich aber nicht von einem letztendlich 6-jährigen Studium bei einer der größten Harfenistinnen weltweit, am Conservatoire de musique de Lausanne, abhalten können. Ohne Chantal Mathieu, ihrer endlosen Geduld, ihrem riesigen Können und ihrer Hingabe, wäre ich keine Harfenistin geworden!

Auch wenn der 100%-ige Wechsel der Handhaltung, der komplette Theorie- und Praxisunterricht in Französisch, die Probleme bei der Wohnungssuche, die latente Fremdenfeindlichkeit der Bevölkerung und das Heimweh einiges an Energie fraßen, bin ich unendlich dankbar für diese Erfahrungen.

Anfangs habe ich dort Äpfel, Birnen, Wein und Erdbeeren geerntet, um Geld zu verdienen.

Merke: Eine Erdbeer-Ernte kann man im Harfenunterricht nicht kaschieren ...

Ich habe auch nebenbei im Marktforschungsinstitut gearbeitet.

Dort befragte ich telefonisch, als absolute Nichtraucherin inmitten von 35 Rauchern, deutsch-schweizer Haushalte zu Zigarettenwerbung. Zuletzt arbeitete ich noch als Bäckerei-Verkäuferin in der MIGROS - mit Spitzenhäubchen als Krönung!

Schon bald bekam ich meine erste eigene Musikschulstelle und ab dem zweiten Jahr konnte ich mich in der teuren Schweiz, allein durch Spielen und Unterrichten, zum allergrößten Teil selbst finanzieren.

Das mache ich auch heute noch mit größter Leidenschaft, wenn auch nur noch selten in der Schweiz.

Und jeden Montag gehe ich in das gleiche Traunsteiner Musikschulzimmer, in dem ich selbst einmal klein angefangen habe, um auch meine Schüler für die Harfe zu begeistern.

Da kannste was erleben ...

Nach mehrjährigen Bewerbungsversuchen konnte ich tatsächlich einen Auftritt bei den Schlossfestspielen in Potsdam ergattern! An einem „Konzert-Wandel-Tag" sollte ich viermal, je eine halbe Stunde lang spielen, während das Publikum den ganzen Nachmittag die Möglichkeit hatte, verschiedene Vorstellungen innerhalb des Parks von Sanssouci zu Fuß zu besuchen und dort umherzuwandeln.

Grundsätzlich eine schöne Idee, nur leider wurde ich im Vorfeld nicht über die genaue Beschaffenheit und Örtlichkeit meiner Auftrittslocation informiert.

Als Otto-Normal-Profi-Harfenistin geht man mal ganz leidenschaftslos davon aus, dass das Konzert in einem Auftrittsraum mit Dach, Türen, Fenstern und Boden stattfindet.

Wie ich dann also am Konzerttag mit meiner Leihharfe im Taxi am Parkeingang ankam, informierte mich meine „Empfangsdame" sogleich über den Konzertort und dessen Historie.

Feierlich erklärte sie mir, dass ich als große Ausnahme im berühmten Stibadium spielen dürfe. Dieses wäre nie für die Öffentlichkeit zugänglich, nur heute würde es extra wegen meines Konzertes geöffnet. Ihre Augen leuchteten und sie sprudelte nur so vor Begeisterung.

Mir war zwar zu diesem Zeitpunkt primär kalt und ich hatte Hunger, ich war aber gleichzeitig auch sehr gespannt!

Damit Sie sich, verehrter Leser, etwas unter einem „Stibadium" vorstellen können, habe ich das schlaue Internet befragt. Ich zitiere, leicht gekürzt, aus Wikipedia:

Eigentlich war ein Stibadium eine halbkreisförmige Variante der

Aufstellung von schrägen Liegebänken in römischen Speisesälen, auf denen die Tischgesellschaft lag und sich die Speisen reichen ließ.

Hier in Potsdam ist das Ganze eine Art Atrium mit einem einzigen Raum. Der Raum ist nicht zum Wohnen gedacht, noch nicht einmal zum hemmungslosen Schlemmen, sondern zur stillen geistigen Sammlung.

Wenn König Friedrich Wilhelm IV. in seinem Stibadium auf der halbrunden Bank saß, hatte er einen ausgeklügelten Blick durch das Atrium und die geöffnete Ostwand hindurch auf die Wasserkaskade im Paradiesgarten. Stetes Wasserrauschen betäubt die Sinne, die Augen entspannen sich zwischen sorgfältig ausgewählten Blicken in die Natur oder auf die italienischen Landschaften, die in pompejanischer Manier an die Innenwände des Stibadiums gemalt sind.

Und stellt man sich einen strahlenden Sommertag vor - den braucht das Stibadium für seine Inszenierung - dann funkeln neben den Wasserspielen als besondere Pointe noch die 40 weißen, rubinroten, blauen und grünen Glasvasen, die den Raum in ein magisches Licht tauchen: Eine vollendete Idylle!

Als ich nach einer Fahrt durch den geschichtsträchtigen Park vor meinem Auftrittsort stand, sank beim Anblick des - soll ich sagen: „Gebäudes"?! - meine Laune weit unter Null.

Denn:

Mein Konzertort war ein Raum, zwar mit vier Wänden, aber ohne Dach und ohne Tür. Die glaslosen Fenster waren vergittert, dafür plätscherte in der Mitte fröhlich der fast den ganzen Raum einnehmende Brunnen. In der hintersten Ecke einer kleinen angebauten Apsis fand ich Platz für die Harfe und exakt zehn Zuhörer. Zehn! Und die würden mir so nah sein, dass ich Angst haben musste, einen von ihnen beim Klampfen zu berühren. Damit konnte ich zur

Not noch umgehen. Aber ein Blick in den Himmel zeigte mir, dass der nächste Regenschauer bereits im Anrollen war. Über Deutschland lag seit einer Woche ein ausgedehntes Tiefdruckgebiet.

Nachdem ich mich von meinem Schock erholt hatte, wagte ich anzumerken, dass ein Hinweis auf die Lokalität vielleicht von Vorteil gewesen wäre. Von wegen Harfe im Freien bei Regengefahr und so. Ja, ob ich denn unter diesen Umständen gar nicht spielen wolle, fragte mich die betreuende Dame des Veranstalters äußerst besorgt. Wenn ich mich doch vorher wenigstens mit Wikipedia auseinandergesetzt hätte, dann hätte ich zumindest argumentieren können, dass das Stibadium unbedingt einen strahlenden Sommertag zur Inszenierung braucht ...
Aber ich reise ja, wie üblich, mit den Göttern und auch in diesem Fall wurde meine himmlische Mission von oben unterstützt.
Das Wetter wurde tatsächlich besser, die Sonne zeigte sich zaghaft. Ich zog mir zwei T-Shirts, eine Strumpfhose und die Jeans unter mein Kleid und zwei Strickjacken darüber. Deshalb hatte ich am nächsten Tag auch nur einen Schnupfen.

Da ich grundsätzlich neben meinem permanenten Gefriere auch meistens hungrig bin, ging ich irgendwann zwischen den Auftritten auf die Suche nach einem Catering für Musiker.
Fehlanzeige.
Mir wurde gesagt, dass ich mir mein Zeug schon selbst, im weit entfernten Kiosk, kaufen müsse. Sie seien schließlich eine gemeinnützige Stiftung und sie bekämen da ein Problem, wenn sie den Künstlern auch noch was zum Essen anbieten würden.
Mir blieb dann mal kurz die Luft weg bei so viel Großzügigkeit. Aber ich fand eine nette Dame der Schlossfestspiele, die sehr lieb war und ihr Vesperbrot mit mir teilte.

Einfach schön, etwas im Magen zu haben, wenn man vier Auftritte hintereinander in der Kälte spielt.

Als einzige Regieanweisung bekam ich die Ansage, dass ich die Zuschauer UNTER GAR KEINEN UMSTÄNDEN zum Sitzen auffordern sollte. Hier dürfte man sich nicht anlehnen, im Grunde genommen nicht mal stehen, auch nicht auf den Boden.
Das Stibadium ist ja, wie erwähnt, eigentlich nie zugänglich. Bei meinen vier Auftritten durften dann auch nur exakt abgezählte und mit Argusaugen bewachte Zuhörer hinein. Der Rest lauschte auf der anderen Seite der Gitter.
Auf meine Frage, ob man den laut plätschernden Brunnen denn nicht ausschalten könne, meinten die zuständigen Herrschaften, dass sie sich da nicht sicher wären. Es wäre ein Denkmal, da könne man nicht einfach „mal schnell" etwas verändern oder ausschalten. Schwierig für mich, wenn das Wasser lauter rauscht als meine Saiten!
Aber irgendein Mensch erbarmte sich dann doch der Harfe, der Harfenistin und des Publikums und drehte den Hahn einfach zu.

Soviel zur vollendeten Idylle!
Seitdem versuche ich, Open-Air-Wünsche gleich im Vorfeld abzuschmettern. Ich bin schließlich kein Blechbläser!

Bin ich hier richtig?

Planung ist mit einem Instrument, wie der Harfe, essentiell.

Dass das Ein- und Auspacken sowie das Stimmen der 47 Saiten etwas mehr Zeit brauchen als eine Flöte zusammenzustecken, dürfte mittlerweile klar sein.

Fatal ist es daher, wenn ich zum Beispiel in eine leere Aussegnungshalle hektike und dann erst NACH dem Herrichten der Harfe merke, dass eigentlich doch schon längst jemand von den Angehörigen da sein müsste.

Und wenn dann beim Blick auf das aufgestellte Foto auch noch klar wird, dass in der Urne der Falsche drin ist, bricht gerne etwas Hektik aus.

In dem mir passierten Fall war ich für die Beerdigung einer verstorbene Dame gebucht.

Und die fand wohl woanders statt!

Aber wo??

Natürlich hatte ich in genau diesem Fall das Handy im Auto vergessen, der Friedhofschef hatte auch keine Ahnung und so pressierte es mal wieder.

Also: Handy suchen, Bestatter anrufen, Harfe wieder einpacken, ins Auto schieben, warten, dass das ewig langsame elektrische Zauntor endlich aufgeht und eine Minute später (die richtige Aussegnung war zum Glück genau beim Bestatter direkt gegenüber) mit entspannter Freundlichkeit kondolieren, das Saitenmonster mit routinierten Handgriffen entkleiden und nebenbei mit der Trauerrednerin kurz den Ablauf durchgehen.

Meine Nerven...

Begegnungen der anderen Art

In Bremen bin ich zu Gast auf der Messe „Leben und Tod".
Ja, so etwas gibt es!
Interessierte und noch Lebende können sich einen Überblick ver-
schaffen, was es in Sachen Palliativ- und Hospizarbeit, Urnen- oder
Sargbestattung und Trauerbegleitung Neues auf dem Markt gibt.
Ein spannendes Feld, wie ich finde, und deshalb bin ich mit einem
eigenen CD-Stand und Live-Harfengeklampfe präsent.
Anfänglich ist es etwas gewöhnungsbedürftig, wenn ab und an ein
Sarg vorbeigerollt wird oder mich der Standnachbar bittet, doch
mal seine neu konzipierten Urnen mit Spezial-Schließmechanis-
mus zu öffnen. (Es war gar nicht so einfach, aber ich wurde dann
mit dem darin versteckten Süßkram überrascht.)
Wenn man das möchte, kann man sich auch mal probehalber in
einen Sarg reinlegen – sozusagen, um lebend das Liegegefühl als
Toter zu testen. Und für den ultimativen Kick: Deckel zu!
Der Sinn erschließt sich mir als klaustrophobem Menschen nicht
unbedingt, aber ich habe einige beobachtet, die nach dem Testlie-
gen mit verklärtem Gesicht dem Holzbehälter entstiegen sind.

Ich habe also einen schönen Stand neben einer Trauerbegleiterin
aufgebaut, spiele Harfe und verkaufe meine CDs.
Und schnell ergibt sich der erste Synergieeffekt dieser Messe: Ich
bekomme die Einladung, im Herbst in einem Trauerhaus zu spielen!
Die Inhaberin vom Stand nebenan erklärt mir begeistert, dass sie
selbst es sein werde, die einen „Tag rund um die Trauer" veranstal-
ten werde. Sie habe für den ganzen Tag „so Veranstaltungen" geplant und ob ich bei einer davon, zusammen mit einem bekannten
Trauerbuch-Autor, etwas zum Besten geben könne.

Ich freue mich natürlich und sage zu. Das Ganze wird leider 750 Kilometer von meinem Wohnort entfernt stattfinden. Aber, wie es der Zufall will, werde ich am gleichen Tag noch ein Konzert, nur 15 Kilometer vom Trauerhaus entfernt, spielen. Was für eine Fügung!

Drei Monate nach dieser Einladung kommt nun, per kurzer E-Mail-Nachricht, der Hinweis, dass leider kein Budget für die Matinee im Trauerhaus vorhanden sei.
Aber immerhin sei eine Hotelübernachtung drin. Außerdem werde ich meine CDs auslegen können, die sich sicher gut verkaufen werden (also mindestens 30 Stück!), was ja dann auch einem Honorar gleichkomme.
Eine schöne Überlegung von der Veranstalterin. Und so wirtschaftlich gedacht!
Als idealistischer Musiker sage ich wegen einer solchen Lappalie natürlich nicht ab, unter anderem auch deshalb, weil ja am gleichen Tag noch ein ortsnahes Event stattfinden wird.

Der Termin naht, ich bin gut organisiert.
Ein großes Paket mit CDs - ich erwarte, wie anvisiert, gute Tonträger-Verkäufe - ist mit Hilfe des geflügelten Götterboten schon am Konzertort angekommen. Ausnahmsweise geht es nämlich per Flugzeug in den Norden.
Eine Freundin holt mich dort am Flughafen ab, lässt mich in ihrem, schon Ende November herrlich weihnachtlich geschmückten Haus übernachten und bekommt ein paar Harfenstunden im Gegenzug.
Sie versorgt mich mit leckerstem Essen bei kuschelig-entspannter Atmosphäre, kurz: das komplette Verwöhnprogramm.
Am Sonntag chauffiert sie mich, zusammen mit ihrer eigenen Harfe, nach einem frühen Wecken, schon um 7.15 Uhr extra 130 Kilometer in einem dicken Auto zum Trauerhaus.

In dem uns mitgeteilten Ort angekommen, sind wir ein bisschen perplex. Obwohl das Dorf eher „untergroß" ist, finden wir das Haus trotzdem nicht gleich. Wir fahren dreimal daran vorbei, da wir konzentriert nach einem repräsentativen Gebäude mit aussagekräftigem Schild Ausschau halten.

Da endlich erspähen wir ein Einfamilienhaus, das auf einem Schild in der Größe eines kleinen Schulheftes verrät, dass wir richtig gelandet sind.

Es ist ziemlich kalt, Schnee liegt in der Luft, der Boden ist Matsch. Die Tür geht auf und mein erster Blick fällt auf zwei nackte Füße, ca. Größe 45. Sie gehören zum Hausherrn, der uns freundlich empfängt.

Meine Chauffeurin ist, wie ich selbst auch, ziemlich irritiert.

Trotzdem lade ich mit einem Lächeln die Leihharfe meiner Freundin aus und muss dann leider feststellen, dass das Instrument in ein höhergelegenes Stockwerk soll.

Die dorthin führende schmale Treppe ist mit diversen Dekoartikeln vollgestellt, die wir alle erst einmal beiseite räumen müssen. Ein hilfsbereiter Besucher der Familie antwortet auf meine Frage, ob er kurz helfen könne, mit: „Ja schon, aber ich habe einen Bandscheibenvorfall! Wie schwer ist denn die Harfe?" - „40 kg", sage ich, „aber davon trage ich ja die Hälfte!". „Na dann wird es schon gehen", meint er. „Es ist ja außer mir kein anderer Starker im Haus!" Ich bin dezent besorgt, aber tatsächlich: Wir erreichen ohne weiteren Vorfall den ersten Stock.

Dort naht die nächste Überraschung:

Der Konzertraum ist ein ausgeräumtes Wohnzimmer mit ungefähr 22 Quadratmetern!!

Auf dem Boden finden sich beim näheren Hinsehen mehrere liegengebliebene Playmobil-Requisiten wie Schwerter, Pistolen und Feuerwehrhelme, das Fensterbrett trägt noch eine originelle Halloween-Verkleidung. Die innen völlig feuchten Fensterscheiben haben anscheinend eine eingebaute Selbstreinigungsanlage, die wohl so viel Energie verbraucht, dass deshalb nicht geheizt werden kann. Immerhin kann man den eigenen Atem im Raum noch nicht sehen. Es ist saukalt - ich will einfach nur weg von hier. Aber bis es soweit ist, werde ich wohl noch einige Kalorien verheizen müssen.

Meine Freundin erweist sich als wahrer Engel. Sie nimmt das Heft rigoros in die Hand!

Zuerst schafft sie es tatsächlich, im äußerst „kreativen" Büro der Veranstalterin meinen großen CD-Karton zu orten, was zwischen den mäandernden Schreibtischwanderdünen, abgestellten und hoffentlich leeren Urnen, zahlreichen Kisten, Schachteln und Büchern nicht so einfach ist.

Danach erbittet sie vom sehr erstaunt wirkenden Hausherrn einen Putzlappen, um den bereitgestellten Tisch für die CDs hoffähig zu machen und mein komplettes Tonträger-Sortiment endlich auslegen zu können.

Etwas verstörend wirkt auf mich die Tatsache, dass im Raum nur 14 Stühle stehen, aber die Gastgeberin kann meine Bedenken mit dem Satz „Alle anderen Zuschauer müssen stehen!" sofort ausräumen!

Nur eine Bitte habe sie allerdings:

Man müsse den Anfang etwas hinauszögern, da eine Nachbarin, die SEHR an der Harfe interessiert sei, etwas später kommen werde, da sie noch ein Bad putzen müsse.

Meine Flexibilität lässt mich auch hier (noch) völlig entspannt bleiben und das ist gut so. Denn jetzt steht der angekündigte Autor, mit dem ich den Vormittag gestalten soll, vor mir. Gleich zur Begrüßung höre ich, dass sein Programm 60 Minuten dauere!

Voll Profi, schlage ich ihm vor, dass man das doch abwechselnd gestalten könne. Sein Einwand, dass er da keine Erfahrung habe, bügele ich mit einem „Aber ich und das läuft immer hervorragend" ab.

Die Matinee beginnt, wie angekündigt, etwas später als geplant, die Bad-Putzfee beehrt uns allerdings dennoch nicht. Und auch sonst sieht es mit Publikum leider eher spärlich aus. Wenn man die Mitglieder der Gastgeberfamilie abzieht, sind tatsächlich sechs (!) zusätzliche Zuhörer da. Mit halbem Ohr höre ich: „Die Grippewelle, der Weihnachtsmarkt im nächsten Ort, der Pfarrer muss noch zu einer letzten Ölung, wir haben so viel Werbung gemacht, komisch, dass heute so wenige da sind." Jaja.

Ich bin bereits in mein schönes Konzertkleid geschlüpft, man spielt ja schließlich ein besonderes Instrument. Traraa - ich darf die Veranstaltung mit einem schwungvollen Walzer, den ich extra mal wieder aus meinem Fundus geholt und geübt habe, eröffnen. Der Autor liest und, wie verabredet, unterbricht er sich tatsächlich nach ein paar Minuten und ich komme zu meinem zweiten Auftritt.
Mein Bühnenkollege ist absolut enthusiasmiert, klatscht wie verrückt und kommentiert mit den Worten: „Das ist ja ganz unglaublich, wie das zu meinem Text passt! Toll ausgesucht!" Ich denke mir meinen Teil und bewahre vorsichtshalber ein Pokerface.

Die Lesung geht weiter. Obwohl ich anfänglich noch überlegt habe, dass ich nach der Veranstaltung vielleicht eines seiner Bücher geschenkt bekommen möchte, meditiere ich jetzt intensiv ein „Hoffentlich-schenkt-er-mir-KEIN-Buch"-Mantra.
Anscheinend findet der Meister der Worte den Ausstellknopf nicht mehr, denn er liest und liest. Mittlerweile ist mir so kalt, dass ich in das kreative Büro husche und mir eine Strickjacke, einen Schal und ein paar Socken in die Ballerinas anziehe. Am besten wäre, gleich

noch die Jeans unter das Abendkleid, aber ich bleibe professionell. Was ist schon ein bisschen Frieren für so viel Kunstgenuss? Meine kurze Absenz fällt dem immer noch lesenden Herrn gar nicht auf und ich kann mich weiterhin am Anblick der nach wie vor nackten Füße des Hausherrn ergötzen. Meine Begleiterin leidet ebenfalls tapfer und stumm vor sich hin; ich überlege, auch ihr eine Jacke zu holen.

Die auf dem Fensterbrett stehende Uhr lässt Minute um Minute verstreichen, draußen stürmt es ein bisschen und plötzlich steht ein Besucherpärchen abrupt auf und verlässt kommentarlos den Raum.

Dies scheint den Vorleser aus seiner Trance zu holen - und Überraschung: Ich habe den nächsten Einsatz! Auch wenn meine Körpertemperatur langsam auf Konzert-in-einer-großen-und-super-kalten- Kirche-im-Winter-Level fällt, versuche ich mich an einer „flotten Weise", damit wieder etwas Schwung in die Bude kommt. Das Stück ist nicht ganz einfach, erst recht nicht mit kalten Pfoten, die Konzentration läuft auf Hochtouren. Da steht auf einmal der Autor mit gezücktem Handy vor mir und knipst, was das Zeug hält. Von vorne, von hinten, von oben, durch die Saiten und wahrscheinlich würde er sich auch noch auf den Boden schmeißen, wenn das Stück nicht glücklicherweise zu Ende wäre.
Er erinnert sich wieder an sein Meisterwerk und beginnt erneut mit seinem Monolog. Mein Blutzuckerspiegel sinkt in ungeahnte Tiefen und ich überlege krampfhaft, ob in einer meiner Taschen nicht doch noch ein Schokoriegel versteckt ist.
Doch jetzt, die Erlösung! Der durchwegs seltsame und für mich sinnfreie Lesestoff ist endlich aus!
In der finalen Ansprache vor meinem letzten Musikstück wird schon mal heiße Suppe angekündigt. Die Dame mit dem zu putzenden Bad ist leider nicht erschienen, dafür kommt drei Minuten

vor Schluss ein Pfarrer oder eine Pfarrerin - so genau kann ich das anhand von Statur und Stimme nicht ausmachen.

Ich spiele so schnell wie möglich und mache mich, tiefgefroren und ohne eine erwartete Zugabe zu spielen, in die Küche auf. Das warme Essen verschlinge ich kommentarlos. Meine unglaublich tolle Begleiterin packt währenddessen mit dem keinen Widerspruch erduldenden Kommentar „Wir hauen sofort hier ab!" alle CDs ein - nicht ohne dem Hausherrn noch zwei (!!!) Stück davon zu verkaufen.

Im Harfeneinpacken stellen wir an diesem Tag einen neuen Geschwindigkeitsrekord auf. Der Schriftsteller, der erstaunlicherweise und anscheinend ganz freiwillig schon zum dritten Mal in diesem Haus zu Gast ist (und immerhin auch eine Anfahrt von ca. 200 Kilometern hat), hilft mir beim Transport nach unten.

Natürlich erst, nachdem die, kurioserweise wieder auf der Treppe stehenden Dekoartikel aus verschiedenen Jahreszeiten von den Stufen weggeräumt sind. Wieso stellt man dümmlich-grinsende Putten ohne Unterleib, lachende Kürbisse, bunte Rupfenblumen und künstlich flackernde LED-Kerzen auf eine eh schon schmale Treppe?

Die Hausherrin steht zum Abschied vor mir, drückt mich herzlich und versichert mir ein weiteres Mal, dass es wirklich schade sei, dass so wenige Leute gekommen seien. „Aber die Grippewelle, der Weihnachtsmarkt im nächsten Ort, der Pfarrer musste noch zu einer letzten Ölung, wir haben so viel Werbung gemacht, wirklich komisch! Aber beim nächsten Mal wird das sicher anders!"

Ich nicke freundlich. Aber, das Wichtigste: ich behalte alle meine Gedanken, die mir gerade durch den Kopf jagen, für mich! So bin ich! Vollprofessionell!

Erschöpft im Auto haben wir dann Zeit, uns in epischer Breite über dieses Ereignis zu echauffieren.

Im Nachgang erhalte ich weder die angekündigte Übernahme der Hotelkosten (gut, ich habe ja auch – zum Glück – nicht im Hotel vor Ort übernachtet), noch ein wie-auch-immer-geartetes Mail der Trauerhausdame oder sonstige Rückmeldungen auf das Konzert. Nur ein Live-Video von mir geistert als Beweis für meine Anwesenheit durch Facebook.

P.S. Das zweite Konzert an diesem Tag holt mich dann schnell aus meiner Post-Auftritts-Depression! Ich habe das Privileg, in einem herrlich renovierten Gutshof vor ausverkauftem Haus zusammen mit meinem Lieblingsflötisten zu spielen. Und dann hat sich die Reise in den Norden doch gelohnt.

P.P.S. Ein Jahr später treffe ich beim Standabbau die Trauerhausdame erneut auf der Messe in Bremen. Sie sagt, sie habe dieses Mal so viel zu tun gehabt und sei deshalb gar nicht an meinem Stand vorbeigekommen. Aber sie habe jetzt ganz neu auch Kontakte in Bayern, da müsse man unbedingt mal wieder etwas zusammen machen. Ja, genau! Unbedingt!

Background

Ein kunstfreudiger Arzt, mit dem ich schon einmal eine Lesung mit Harfenmusik hinter mich gebracht hatte - es war grauenhaft - lud mich ein, bei einer Feier in seinem Haus zu spielen.

Er teilte mir mit, dass er zu meiner Musik Texte lesen würde.

Da ich etwas irritiert über den Zeitpunkt meiner geplanten Einsätze war, fragte ich nach:

„Dazu? Doch eher davor und danach?!"

„Nein, als Background", denn er hätte das jetzt schon so mit seinem CD-Player geübt.

Ich sollte durchgehend pianissimo (also ganz leise) spielen, damit sich seine Stimme darüber entfalten könne.

Da war ich durchaus mal wieder überrascht.

Meine fast schon wahnhafte Wunschvorstellung, dass ich doch bald alles Unmögliche im Profimusikerbereich erlebt haben müsste, bekam ein weiteres Mal einen Knacks.

Ich habe ihm dann abgesagt.

Soll er doch einfach meine CD laufen lassen! Ist ja auch billiger ...

Spiegelbild

Während meines Studiums in Lausanne am Genfer See war ich häufig zu Gast beim Harfenbauer David in Sainte-Croix im Schweizer Jura.
Ein idyllischer Platz hoch über dem Tal, Harfen in verschiedenen Herstellungszuständen, kistenweise Noten, ein äußerst liebenswürdiges Ehepaar, kurz: Ein wunderbarer Ort für einen Menschen wie mich!
Bei einem meiner Besuche hatte ich eine erstaunliche Begegnung.
Nach dem Öffnen der Werkstatttüre traf ich mein Spiegelbild.
Und dieses heißt Regine.
Wir schauten uns an und waren völlig verblüfft über unsere Ähnlichkeit. Beide groß, dünn, braune Haare und mit einer Nase im Gesicht. Es stellte sich heraus, dass sie aus der Nähe von München kam und auch Harfenistin war.
Auf Nachfragen bei unseren Eltern konnte übrigens eine Halbschwesternschaft ausgeschlossen werden.

Während ich in der Schweiz mein Konzertexamen abschloss, spielte Regine im Orchester der Hofer Sinfoniker.
Nach meiner Rückkehr aus Lausanne holten sie auch mich eine Zeit lang als Aushilfe ans nördlichste Ende von Bayern.

In dem Hotel, das für die nicht-festangestellten Ersatzmusiker gebucht wurde, schien die Zeit stehengeblieben zu sein. Es gab dort immer noch die dreiteiligen Matratzen, für die man eigentlich gleich einen Osteopathen mitgeliefert bekommen sollte. Ich erinnere mich, dass ich jedes Mal das komplette Bett auseinandergebaut habe und die Schlafstatt auf dem Boden arrangierte.
So „perfekt" ausgeruht kam ich dann auch zu meiner ersten Probe.

Und schon nach kurzer Zeit hatte ich das Privileg einer Sonderbehandlung vor versammelter Mannschaft.

Denn auf einmal raunzte mich der Dirigent an: „Ich habe Ihnen doch die Stelle schon gestern erklärt."

Leicht errötend, aber sehr mutig, entgegnete ich „Das mag sein, aber ich bin nicht die Harfenistin von gestern!"

Daraufhin dreht sich der halbe Streicherapparat vor mir geschlossen um und starrte mich an.

Bis zu diesem Zeitpunkt hatte keiner gemerkt, dass Regine und ich zwei verschiedene Harfenistinnen waren.

So eine Ähnlichkeit hat aber auch Vorteile.

Bei einem anderen Konzert war Regine erkrankt und ich konnte kurzfristig einspringen, um mit ihrem Freund in Zürich ein Konzert zu spielen, ohne dass der Programmzettel mit Regines Foto geändert werden musste. Nur die Frage, wann wir denn jetzt endlich mal heiraten würden, konnte ich nicht exakt beantworten.

Mittlerweile haben wir beide einen Ehemann und insgesamt fünf Kinder. Wenn wir nun zusammen auf der Bühne als Harfenduo stehen, kann jeder sehen, dass es uns tatsächlich beide gibt!

Augen auf bei der Berufswahl!

Eine Beerdigung in einem Dorf nahe meiner Heimatstadt steht an.
Die Zeremonie wird ein neuer Pfarrer abhalten, mit dem ich mich,
laut meinem Auftraggeber, kurz vorher über den Ablauf verständigen soll.
Es schneit etwas, die Harfe muss mühsam über den Friedhof geschoben werden, die Kirche ist groß und kalt.
Als ich mein Baby die Stufen zum Altarraum hochziehe, kommt
mir aus der Sakristei ein Mann entgegen.
Ich kann nicht erkennen, ob er einen Hals hat, auf jeden Fall scheinen seine Schultern direkt an den Ohren festgemacht zu sein.
Freudig begrüße ich ihn mit „Und Sie sind der neue Pfarrer?"
„Äh, nein, ich bin hier bloß der Aushilfsmesner. Und das ist heute
mein erstes Mal."
„Wie schön. Dann wünsche ich gutes Gelingen!"
„Ja, ich weiß eigentlich gar nicht so genau, was ich jetzt tun muss."
Nun bin ich ja als älteste von sechs Kindern sehr pragmatisch erzogen.
Wenn man zum Beispiel am vollen Tisch erst anfängt zu überlegen, was einem schmecken könnte oder in welcher Reihenfolge
man sich den Teller füllt, dann hat man bei vier Brüdern und einer
Schwester einfach verloren.
Eine meiner wirklich schlechten Eigenschaften ist mein grenzenloser Futterneid, den ich bis heute nicht ganz unterdrücken kann. Da
ich ja so ziemlich alles gerne esse, kann „mal kurz bei mir probieren" oder noch schlimmer „den zurückgehaltenen besten Teil der
Mahlzeit von meinem Teller schnappen" fatal ausgehen.
Aber ich schweife ab, zurück in die kalte Kirche.

Der Hilfsmesner überlegt also noch, wie er sein „erstes Mal" bewerkstelligen könnte, während ich schon vor Motivation und Hilfsbereitschaft sprühe.

Ich schlage ihm vor, zuerst das Licht anzumachen und dann die Kerzen anzuzünden, das wäre auf jeden Fall schon mal nicht falsch. Dankbar macht er sich an die Arbeit.

Ich packe meine Harfe aus und versuche deren Stimmung an die winterliche Temperatur anzupassen.

Die Kirche füllt sich langsam mit Trauergästen, aber der Pfarrer ist noch immer nicht da.

Der Kirchendiener tigert nervös in der Sakristei auf und ab, das Messgewand, das Holzkreuz fürs Grab, die Sterbebilder im Körbchen, alles liegt bereit.

Da löst sich aus der ersten Reihe eine Dame in Schwarz und kommt auf mich zu.

Flüsternd erklärt sie mir, dass sie eigentlich gerne die Osterkerze anzünden würde.

Ich ermuntere sie dazu, ohne zu ahnen, was gleich folgt.

Die trauernde Angehörige nimmt beherzt den mannsgroßen Kerzenständer zwischen zwei Hände und schiebt ihn mit großem Getöse – Metall auf Stein - und unter Einsatz ihres ganzen Körpers eineinhalb Meter über den Steinboden nach rechts. Dann packt sie sich die riesige Osterkerze, wankt mit ihr unter dem Arm Richtung Tisch des Herrn und versucht erfolglos, das Wachsmonster an einer kleinen Altar-Stumpenkerze anzuzünden.

Ich habe das Gefühl, dass ich sie retten muss! Schon stürme ich in die verwaiste Sakristei. Hilfe, wo ist der Hilfsmesner? Mutig reiße ich den ersten Schrank auf und finde auf Anhieb (nein, nicht den Hilfsmesner, sondern) einen Gasanzünder; damit eile ich der Frau, die immer noch am Altar rumfuhrwerkt, zur Hilfe.

Die Osterkerze brennt, es kehrt wieder Ruhe ein.

Vor einer Minute sollte die Beerdigung begonnen haben.

Auf der kleinen Kirchenbank am Eingang der Sakristei sitzend höre ich ein Geräusch hinter mir: Der Pfarrer scheint angekommen zu sein.
Während er, ansatzweise unterstützt vom recht unbeholfenen Hilfsmessdiener, in sein Gewand schlüpft, klären wir kurz den oft üblichen Ablauf: Musik zum Eingang, nach der Lesung, nach der Predigt, zur Kommunion und vor oder nach dem Paradies.
Zwei Profis bei der Arbeit, das ist gleich ein angenehmes Arbeiten!
Vielleicht hätte ich dem Geistlichen auch noch sagen sollen, dass sein halber Kragen in senfgelbem Fleece, der oben aus dem Talar herausschaut, etwas seltsam wirkt, aber er witscht schon wieder nach draußen, in der Hand einen rosafarbenen Textordner.
Als örtliche Besonderheit wird in dieser Kirche der Sarg immer erst von der Aufbahrungshalle hereingefahren, was Minuten später dann auch tatsächlich passiert. Begleitet von Sargträgern bzw. Sargwagenbegleitern wird das Holzungetüm mit reichlich Blumenschmuck in der Mitte vor dem Altar platziert.
Die Zeremonie startet, das Ganze ist, auch mangels eifriger Ministranten, alles etwas holprig. Kein Geklingel bei der Kommunion, keiner hilft dem Pfarrer beim Equipment. Wo ist eigentlich dieser Hilfsmesner?
Ganz Kind einer Großfamilie, bin ich fast wieder mal versucht, mich einzumischen. In Bayern sagt man: Ich g'schaftle gerne mit. Aber ohne Ministrantenkleid, und außerdem evangelisch, kann ich mich in diesem Fall beherrschen.
Dafür versuche ich, mit der Harfe eine beruhigende Stimmung zu zaubern, was mir auch ganz gut gelingt.
Wir nähern uns dem Ende der Zeremonie und jetzt kommt der wirklich spannende Moment!
Der Hilfsmesner ist wieder aus den Untiefen der Sakristei aufgetaucht, bewaffnet mit einem Weihrauchfass.

Am Sarg stehen vier Sargträger, davor der Pfarrer, mit erhobenen Armen, betend.

Nun braucht man anscheinend für die Bedienung eines Räuchergefäßes in der katholischen Kirche ein Zertifikat. Ich stelle mir eine Art Weihrauch-Führerschein vor.

Den hat unser Helfer aber wohl noch nicht abgelegt, denn beim umständlichen Hantieren mit den langen Ketten und dem daran befestigten Deckel fällt ihm ein Stück brennender Weihrauch auf den Kokosfaserteppich vor dem Sarg.

Dieser fängt – welche Überraschung - zu brennen an. Also der Teppich, nicht der Sarg.

Hektisches Getrete der Sargträger und irritiertes Publikum, während der Pfarrer völlig entspannt weiter das „Paradies" deklamiert.

Als die ganze Schar die Kirche verlassen hat, sieht man im ca. 15 Meter langen Teppich einen dekorativen Brandfleck.

Muss man jetzt den ganzen Teppich austauschen oder schneidet man einfach ein Stück ab oder aber nur den Fleck heraus? So kann man es auf jeden Fall nicht lassen.

Der Kirchenmusiker, der die ganze Show mit bester Sicht von der Empore aus genossen hat, meint lapidar: „Das hätte vielleicht doch eine Feuerbestattung werden sollen!"

Und mein Schwiegervater, ein wirklich ruhiger und besonnener Mensch (Gott hab ihn selig!), kommentiert meine Erzählung zuhause mit: „Die Verstorbene war a ganz a Hantige (für Nichtbayern: eine „Herbe, Barsche"), die hat halt vom Himmel herunter noch einmal aufgezeigt!"

Bei der nächsten Beerdigung in dieser Kirche erfahre ich, dass der Hilfsmesner nach seinem „ersten Mal" den Dienst quittiert hat. Eigentlich sehr schade!

Babysitten- leicht gemacht

Wenn man, so wie ich, die Erstgeborene während der ersten 15 Lebensmonate auf 70 Konzerte mitschleift, dann weiß frau, was sie zu leisten vermag und sie ist nur noch durch wenig zu erschüttern. Zum Glück hatte ich mit den fünf jüngeren Geschwistern schon in meiner Kindheit so viele Erfahrungen sammeln können, dass der Umstieg auf eigene Nachkommen keine besonders schwere Übung war.
Die wunderbaren Schwangerschaften und die spektakulär schnellen und unkomplizierten Geburten taten ihr Übriges dazu. So konnte mir auch der äußerst feinfühlige Kommentar der Hebamme nach der Ankunft von Kind Nr. 2 „Sie müssen sich nicht einbilden, beim Thema „Geburt" mitreden zu können", nichts anhaben. Sie fand es geradezu kränkend, dass das Kind schon schlüpfte, obwohl sie befunden hatte, dass es noch nicht an der Zeit wäre. Aber Hormone machen das Ausblenden von solchen unqualifizierten Aussagen anscheinend möglich ...

So wie ich es zuhause jahrelang gelernt hatte, ist ein Kind auch ohne Dauerbohei und Helikoptere problemlos lebensfähig.
Weil also unser erstes Fräulein lieber bei der Mami als aus einer Flasche trinken wollte, musste sie mich zwangsläufig zu meinen Konzerten begleiten.
Im Nachhinein war das ein durchaus bemerkenswerter Kraftakt für alle Beteiligten, aber in dieser Zeit fiel mir das nicht groß auf.
Vor Ort bestellte ich meist einen Babysitter, da mein Mann nur ab und an mitfahren konnte, er arbeitete ja selbst Vollzeit. Mehrmals begleitete uns auch die wunderbare Tante Helga, die selbst mit zwei Kindern im Gepäck immer noch ihre gute Laune behielt.

Mit fremden Babysittern kam es jedoch zu einigen Erlebnissen, die nicht immer zur Konzentrationsfähigkeit bei den zu spielenden Auftritten beitrugen.

In Berlin hatte ich einmal ein Konzert in der „Bayerischen Vertretung" zum Fischessen am Aschermittwoch. Die dafür nötige Babysitterin war mir über drei Ecken von der Cousine der Bekannten einer Freundin genannt worden.
Das Mädel schaute nett aus und die zwei machten es sich in einem Büroraum gemütlich.
Als ich nach einer äußerst mühsamen Klampferei ins Büro kam, war niemand mehr da. Auch nicht auf den Gängen, kein Kinderwagen, kein Kind. An der Pforte bekam ich die Auskunft, dass die beiden gegangen wären.
Sehr schön.
Es war 21 Uhr abends und ich sah mein Kind schon in den Händen der Mafia, auf dem Weg zu neuen Eltern, die sich ein hübsches Mädchen mit grau-blauen Augen wünschten.
Ich hatte mir noch nicht mal den Namen der Aufpasserin gemerkt. Mein Handy war in der Notentasche und die stand neben meiner Harfe auf der Bühne, wo gerade Markus Söder eine Rede hielt. Na toll.
15 Minuten später standen die beiden Vermissten fröhlich wieder vor mir, sie hätten nur einen kleinen Spaziergang gemacht. Meine Nerven!

Bei der zweiten Tochter war ich noch routinierter und so flogen wir bereits 5 Wochen nach der Geburt nach Hamburg. Von dort aus düsten wir mit einem Mietwagen nach Bremen in das berühmte Konzerthaus „Die Glocke". Dort stand eine Leihharfe, die ich allerdings nach dem Konzert in ihrem Kasten wieder nach Hamburg bringen musste.

Nun ist so ein Harfenkasten ein ziemliches Monstrum. Gefüllt mit dem Instrument wiegt er über 100 Kilo und misst gut über 2 Meter. Und genau das sollte sich nach einem schönen Konzert als Solistin mit Orchester auch als Problem erweisen.

Ich brachte den Kasten nicht in den Leihwagen, Sophie hatte Hunger und die Harfe musste vor Mitternacht in Hamburg in der Laeiszhalle sein, um sie dem dortigen Hausmeister zu übergeben. Da am nächsten Morgen ein Marathon an der Alster auf dem Programm stand, war dies die letzte Möglichkeit, noch mit dem Auto bis an die Halle heranzufahren und auch hineinzukommen.

Anscheinend machte ich in Bremen ein derart hilfloses Gesicht, dass sich plötzlich mehrere Männer um mein Auto scharten. Ein Mann im richtigen Moment ist einfach was Tolles! Und dann auch noch in vielfacher Ausführung.

Wir drehten und wendeten den Kasten und irgendwann verschwand er so im Auto, dass ich nicht mit offener Heckklappe und einem noch sehr kleinen Baby auf dem Beifahrersitz nach Hamburg rasen musste.

Die Ablieferung der Harfe und des Mietwagens klappte wunderbar und so landeten wir mit Hilfe eines Taxis irgendwann auch noch im richtigen Hotel. Der Matinee am nächsten Morgen in der schönen Laeiszhalle stand also nichts mehr im Weg.

Während ich spielte, trug der gerade nicht involvierte Pauker meinen Zwerg durch die Garderobe, alles funktionierte sehr entspannt.

Weniger entspannt war ich allerdings bei einem Konzert in Nürnberg.

Sophie war nicht ganz so zickig mit abgepumpter Milch und so fuhr ich alleine zu einem Konzert in die fränkische Metropole.

Ein Saal voller gesetzter Herren, Vorständen, Politikern - und ich durfte solo spielen.

Während ich das erste Stück nach der Pause zupfte, fiel mir auf, dass ich vergessen hatte, Milch abzupumpen!!

Ich weiß seither, dass großflächige Milchflecken sehr gut mit kaltem Wasser aus rosafarbenen Abendkleidern zu entfernen sind ...

Bei einem anderen Konzert mit der Vogtlandphilharmonie spielte ich mich in einer Garderobe für die Probe ein. Mein Mann stellte die schlafende Amelie im Maxicosi unter den Flügel neben mich, um sich in der Cafeteria zu stärken. Weil das Orchester jedoch schneller mit den anderen Stücken beim Proben vorankam, war auch ich eher an der Reihe. Mit der Harfe auf dem Wägelchen verließ ich den Einspielraum in der stillen Hoffnung, dass mein Mann sicher gleich zurückkommen werde.

Aber ihm gefiel es sehr gut in der Cafeteria. Er gönnte sich gerade einen zweiten Kaffee, als er plötzlich lautes Klavierspiel vernahm. Er raste in die Einspielgarderobe, in der sich ein Pianist genau an dem Flügel austobte, unter dem Amelie im MaxiCosi schlief.

Der Herr hatte gar nicht gemerkt, dass er eine stille (und immer noch schlafende) Zuhörerin zu seinen Füßen hatte.

Unserem Kind hat es auf alle Fälle nicht geschadet ...

Etwas geschadet hat mir allerdings eine Babysitterin bei einem Konzert in Baden-Württemberg. Aber eigentlich war ich ja selbst schuld.

Nach Ankunft am Konzertsaal, der sich in einem herrlichen Schloss befand, drückte ich der netten Mitarbeiterin, die ich schon von vorherigen Konzerten kannte, unsere Tochter Amelie mit dem Hinweis in die Hand, ihr einfach die Windeln zu wechseln, wenn diese voll wären.

Das Mädel schaute mich an als hätte ich etwas völlig Abwegiges von mir gegeben. Ich interpretierte den Blick leider richtig, sie hatte noch nie ein Kind gewickelt.

„Mach die frische Pampers einfach so dran, wie die jetzige drauf ist!" lautete mein Ratschlag. Damit verbunden die Bitte, mich nur im absoluten Ausnahmefall, also nicht bei Rumgezicke, sondern höchstens bei Knochenbruch oder viel Blut, im Konzert zu stören. Nein, ich bin keine Rabenmutter, aber ich kannte ja mein eher vorsichtiges und motorisch sehr fittes Kind.

Die zwei Stücke, die ich als Solistin mit einem bekannten Orchester zu spielen hatte, waren schwer und daher war ich etwas angespannt. Dummerweise warf ich 10 Sekunden vor dem Auftritt noch einen Blick aufs Handy und las die SMS: Dein Kind schreit und braucht dich!!

Ja danke, super Information! Und so unglaublich konzentrationsfördernd.

In der Pause raste ich im Abendkleid durch den Schlossgarten auf der Suche nach dem armen Kind. Dieses saß fröhlich grinsend auf einer Schaukel und vermisste mich überhaupt nicht mehr. Besser, ich hätte mich um meine Harfe und das schwerere zweite Konzertstück gekümmert. Es gelang mir daraufhin nämlich nicht so, wie ich es konnte und wollte.

13 Jahre später war ich endlich wieder zu Gast bei diesem Orchester. Ich hatte die lange Absenz dazwischen auf mein für mich ungenügendes Spiel von damals geschoben. Jetzt wollte ich mit dem gleichen Dirigenten, wie Jahre zuvor, eine Glanzleistung abliefern. Das inzwischen zum Pubertier mutierte Kind war für eine Woche auf Schüleraustausch in Frankreich. Ihre Laune schwankte täglich mehrmals von selbstbewusstem „Hallo Welt, hier bin ich" bis zur „Heimweh-Drama-Queen".

Ich zwang mich, mein Handy nicht in die Hand zu nehmen. Als ich dann nach den gespielten Stücken hinter der Bühne warten musste, klingelte mein Telefon. In der Leitung war die am Vortag noch partylaunige Tochter mit mittlerer Krise.

Zum Glück hatte ich meine Konzerte gerade schon sehr erfolgreich über die Bühne gebracht.

Sensible Mutter, sensible Tochter ...

Apropos sensibel. Da erinnere ich mich an einen Konzertveranstalter, der mir nach einem Konzert einen Vortrag hielt, wer schon alles in welchen Besetzungen und mit welchen Stücken bei ihm konzertiert hätte. Des Weiteren erzählte er mir, welche Berühmtheiten er schon angefragt und mit wem er selbst schon alles musiziert hätte. Das alles, während ich bei strömendem Regen und völlig erledigt versuchte, die Harfe, den Kinderwagen, das Kind und mein Gerümpel im Auto zu verstauen.

Ich hätte ihn erwürgen können.

Wunder der Technik

Die liebe Frau Herta hat Geburtstag und ich sage sehr spontan ein kleines Konzert zu ihren Ehren, nahe meiner Heimatstadt, zu. Erst später sehe ich, dass sowohl kurz vor als auch kurz nach diesem Auftritt Termine im hohen Norden meinen Kalender zieren. Aber gut geplant, ist halb gewonnen!
Also fahre ich mit meinem Auto und Harfe nach Hamburg und spiele dort einige Konzerte. Dann wird die Hamburger Verwandtschaft zum Harfe-Sitten eingespannt. Mein Baby verstellt für einige Tage die halbe Küche der zum Glück nur temporär anwesenden norddeutschen Cousine. Mein Auto parke ich gratis in der Nähe des Flughafens – nicht ohne mir den Stellplatz im Dunklen zu fotografieren, damit ich ihn auch im Hellen wiederfinde- und fliege nach Hause.
So bin ich am nächsten Tag bereit, um in einem kleinen Kloster das Geburtstags-Konzert zu spielen.

Von einer lieben Schülerin habe ich mir eine gute Konzertharfe ausgeliehen und glücklicherweise ist auch das Auto meines Mannes harfentransportfähig.

Zehn Minuten vor Abfahrt entschließen sich die zwei Pubertiere spontan doch für den zu erwartenden Kuchen bei Frau Herta und nehmen den vorhergehenden Auftritt der musizierenden Mutter zwangsläufig mit in Kauf.
Es pressiert etwas, Fragen wie „Mami, was soll ich anziehen?" und „Warum kann ich nicht in Jogginghose gehen?" lockern die Stimmung. Zusätzlich braucht der Zopf, der sich seit mindestens zwei Tagen unverändert auf dem Haupt der Jüngeren befindet, noch dringend eine nicht ganz ziepfreie Ent-Nestung ...

Mein Mann baut inzwischen schnell das Auto so um, dass die zwei Kinder zusätzlich zur Leih-Harfe Platz finden. Er kündigt an, dass er dann etwas Fußball schauen würde. Und außerdem würde Kuchen ja eh nicht zu seinen Lieblingsmahlzeiten zählen.

Scherzkeks! Außer unter der Harfe liegend wäre sowieso kein legaler Platz mehr für ihn im Auto.

Wir verabschieden uns also, bereits im Göttergattenauto sitzend, von eben diesem und düsen los.

Die Stammhalterin Nr.2 hat sich mein Handy gekrallt und daddelt vor sich hin. Wie immer, eine schlechte Wahl, denn nach zehn Minuten kommt bereits das unvermeidliche „Mami, mir ist schlecht" von der Rückbank.

JEDES MAL.

Auch ohne Handy und auch auf dem Beifahrersitz ...

„Muss ich stehen bleiben? - „Nein, es geht schon!"

Ich fahre noch ein bisschen schneller auf der Landstraße. „Es ist nicht mehr weit! Mach halt das Fenster einen Spalt auf!"

Nach 14 Minuten, ein klägliches „Maaaamiii, ist es noch weiheit?" - „Nein, wir sind gleich da."

Vor uns Blaulicht an einer Dorfkreuzung. Da hat einer die Verkehrsinsel rasiert.

Zum Glück kommen wir schnell und ohne anzuhalten oder sogar den Motor abstellen zu müssen, daran vorbei.

Ein Wegweiser, nur noch zwei Kilometer. Das Kind hat das Fenster mittlerweile komplett nach unten gefahren und hängt halb aus dem Auto.

Es beginnt, leicht zu nieseln, das Kloster auf dem Hügelchen kommt ins Blickfeld.

Mit Schwung rausche ich in den Parkplatz, das Kind reisst die Türe auf, geschafft.

Naja, fast.

„Mami, da ist noch das Fenster auf."
Na gut, dann starte ich den Motor halt nochmal, dass der elektrische Fensterheber arbeiten kann.

Nun muss man wissen, dass dieses Auto über ein „Keyless Go"-System verfügt.
Ich zitiere: Keyless Go beschreibt ein System, um ein Fahrzeug ohne aktive Benutzung eines Autoschlüssels (also „keyless", zu Deutsch „schlüssellos") zu entriegeln und durch das bloße Betätigen des Startknopfes zu starten. Ermöglicht wird das durch einen Keyless-Go-Schlüssel mit Chip, den der Fahrzeuglenker mit sich führt.
Ich wiederhole: den der Fahrzeuglenker mit sich führt!
Ich führe aber keinen Keyless-Go-Schlüssel mit mir!
Und das Auto führt ihn, nach erfolglosem Suchen in der Armatur und am Boden, leider auch nicht mit sich.
Nach einigen Überlegungen kommen wir zu dem Schluss, dass das Wunder der Technik noch in der Hosentasche meines Mannes sein muss.
Und weil er damit neben dem Auto stand, als wir losfuhren, funktionierte das Anlassen des Motors problemlos.

Was für ein Glück, dass das Auto nicht einfach nach einem gewissen Abstand zum Haus stehen geblieben ist.
Denn das habe ich auf einem Gleitschirm-Weltcup in Frankreich, zu dem ich meinen Mann einmal begleitete, auch schon erlebt.
Plötzlich fuhr dort nämlich der von einem Dieb kurzgeschlossene Sportwagen eines neben uns sitzenden Gleitschirm-Piloten vorbei.
Großes Geschrei, weil alle sofort kapierten, dass das Auto gerade gekidnappt wurde. Nur der Pilot blieb ganz cool und meinte: „Der kommt nicht weit, weil mein Auto Keyless Go hat und der Schlüssel in meiner Hosentasche ist!" Und tatsächlich blieb das Auto mit dem

verdutzten Kriminellen schon nach einem Kilometer stehen. Aber das ist einige Jahre her und die Technik hat sich – wie gerade bewiesen - anscheinend doch ziemlich weiterentwickelt ...

Jetzt geht vor dem Kloster der leichte Nieselregen langsam in einen stärkeren Nieselregen über. Ich müsste eigentlich die Harfe aus dem Auto räumen und gleich mal ein Konzert spielen. Das Autofenster ist aber offen, einem Kind ist es schlecht und wie sollte es anders sein, MEIN HANDYAKKU IST LEER! Blödes Gedaddel.

Ich schicke Kind zwei auf die Suche nach Martin, dem Schwiegersohn von Frau Herta, der mit Sicherheit über ein Handy mit ausreichend Batterie und Netz verfügt. Er müsste bitte sofort den Schlüsselmächtigen, der zu Hause auf der Couch liegt, anrufen und zur Herfahrt bewegen. In der Garage steht dort noch der Lieferwagen des Bruders, der jetzt zum Zwecke der Zusammenführung von Schlüssel und Auto herhalten muss.

Während ich die Klampfe aus dem Auto zerre, bemerken zwei fachkundige Damen älteren Semesters, dass mein Autofenster offensteht. Ob ich gemerkt hätte, dass es regnen würde. „Ja, danke sehr für den Hinweis, wir arbeiten daran ..."

Ich schiebe die Harfe in die kleine Kapelle und als ich den Stuhl und die Notentasche aus dem Auto holen möchte, sind bereits weitere Experten in Sachen „offenes Fenster bei drohendem Starkregen" am Diskutieren.

Aber unser wunderbarer Freund Martin schafft Abhilfe! Geschickt montiert er eine Regenjacke im offenen Fenster, was hoffentlich ausreicht, bis mein Mann da ist.

Leicht gestresst kümmere ich mich nun um meinen Auftritt. Immerhin habe ich nicht meine eigene Harfe, sondern das Instrument meiner Schülerin dabei, die doch etwas anders zu handhaben ist als mein eigenes Baby. Kurz einspielen sollte ich mich schon noch.

Am Ende des Nachmittags ist alles gut. Der Schlüssel ist da, das Fenster zu, das Konzert war schön, der Kuchen gut. Und der FC Bayern hat gewonnen, obwohl der Couchexperte nicht die ganze Zeit live dabei war.

Was für ein Glück, wenn man ein funktionierendes soziales Netzwerk haben darf! Da kann man dann sogar technischen Überraschungen trotzen.

Handelseinig

Nachdem ich mich jahrelang mit CD-Labels rumgeärgert hatte, gründete ich auf Empfehlung einer Vertriebsdame mein eigenes CD-Label mit dem Namen HÖRMUSIK.

Ein sehr „umsichtiger" Kultur-Coach, dessen „Sitzung" ich bei einem Wettbewerb für Kultur- und Kreativschaffende gewonnen hatte, meinte zwar, dass sich der Labelname nach 1,99 bei Lidl an der Kasse anhören würde und ich den somit sofort ändern sollte. Zähneknirschend ließ er sich jedoch überzeugen, dass ich nicht meine mindestens 10.000 gelagerten CDs in den Müll stopfen würde, nur weil ihm das Logo nicht ganz gefiel ...

Meine Tonträger sind seither fast überall im Handel erhältlich. Natürlich kann man sie auch im Internet bei den einschlägigen Portalen erwerben, aber am liebsten sind mir die Bestellungen direkt bei mir (weil dann nicht noch zwei andere dazwischen hängen, die auch was an der CD verdienen wollen ...)!

Auf Wunsch signiere ich die CDs auch. In einem Fall habe ich für eine Bestellerin auch schon einmal deren gesamte Weihnachtskorrespondenz handschriftlich auf Karten nach Vorgabe erledigt. Was sich die Leute so alles wünschen!

Als ich jedoch die Karte der Bestellerin an ihre demente Mutter beschriftete, kam ich doch sehr ins Zweifeln, denn es war kein Standard-Zweizeiler, den ich da - quasi als Tochter - in meiner schönsten Schrift aufs Papier brachte, sondern ein kleines Epos mit sehr persönlichen Worten.

Bezüglich des CD-Vertriebs gibt es auch großartige E-Mail-Korrespondenzen. Eine davon möchte ich Ihnen nicht vorenthalten:

Eine Dame schrieb mir:
„Bitte liefern Sie mir gelegentlich (muss nicht vor Weihnachten sein):
1 CD Nr. HM 113 Trompete-Harfe.
Ich habe heute eine Bitte, ob Sie mir einen kleinen Nachlass gewähren können. Beziehe mich auf Ihre Sendung mit Rechnung Nr ... Damals hatten Sie mir für 2 CDs irrtümlich nur eine berechnet, und ich hatte Ihnen dann die zwei richtig überwiesen.
Das wäre vielleicht ein kleiner Bonus für mich?"

Meine Antwort:
„Hallo!
Danke für Ihre Bestellung!
Die Trompeten-CD kostet mich leider im Einkauf schon 7.-, da ist es irgendwie schwierig mit dem Nachlass.
Danke, dass Sie damals anscheinend die 2 erhaltenen CDs auch komplett bezahlt haben.
Dazu meine Überlegung:
Ich war gestern beim Kaufland und habe 12 Liter Milch geholt. Die Verkäuferin hat den Hinweis auf die 12 Liter überhört und nur den einen Liter berechnet, den ich ihr auf das Band gelegt hatte.
Ich habe sie darauf hingewiesen und alles bezahlt.
Wenn ich die Dame beim nächsten Mal fragen würde, ob ich jetzt deshalb einen Nachlass bekomme, fänden Sie das ok?
Und ich bin nicht Kaufland, sondern eine selbstständige Musikerin.
Ich hoffe, dies passt so!"

Die Dame antwortete:
„Liebe Frau Aichhorn,
o.k., Sie sehen das so. Aber Sie könnten mir die CD vielleicht portofrei schicken?

Ihre Weihnachts-CD gefällt mir immer noch sehr gut. Die Weihnachtslieder sind sehr gefühlvoll gespielt, sie treffen genau meinen Geschmack.
Sie werden mir eine Liste der verfügbaren CDs beifügen, nehme ich an.
Es werden wohl neue dazugekommen sein.
Auch Ihnen fröhliche Weihnachten und ein gutes Neues Jahr."

Ich gebe nicht auf und liste ihr die genauen Kosten für CD-Herstellung und CD-Einkauf, Mehrwertsteuer, Porto, Umschlag etc. auf, dazu müsste ich die CD ja noch einpacken und zur Post bringen und den Reinerlös versteuern. Auch erkläre ich ihr noch (warum eigentlich ...?), dass ich, um die CD einspielen zu können, u.a. eine Harfe zum Preis von aktuell 37000.- und ein Auto zum Preis von mindestens 45000.- bräuchte. Ach ja und noch Noten, Saiten, Stimmgerät, Notenständer, dazu ein 7-jähriges Studium und viiiiiiiel Idealismus.
Ich merke des Weiteren an:
„Sie schreiben, dass Ihnen meine Musik gut gefällt. Und Sie haben die CD sicher schon oft angehört. Und jedes Mal hatten Sie ein gutes Gefühl dabei, oder?
Ich habe mittlerweile 24 CDs, die Sie alle auf meiner Homepage zum Festpreis finden.
Ihre CD ist bereits in der Post."

Wieder einmal gut, dass wir darüber gesprochen haben ...

Kleine Welt

Für ein Konzert mit meinem Oboisten bin ich nach Sils Maria in die Schweiz eingeladen.

Diesmal kann meine ganze Familie mitfahren und wir sind in einem schönen Hotel untergebracht.

Am Abend spricht mich eine Dame beim Essen an.

Ob ich Silke Aichhorn wäre?

Ich bejahe und mache eine äußerst spannende Bekanntschaft.

Denn:

In meinem Kinder-Fotoalbum klebt ein Bild, auf dem eine mir fremde Frau zwei Babys im Arm hält.

Das eine Neugeborene bin ich, das andere ist der Sohn der frisch Entbundenen.

Und eben diese Mutter steht jetzt, 40 Jahre später, vor mir und erzählt, dass sie mit meiner Mutter im Krankenhaus Uster, das zum Kanton Zürich in der Schweiz gehört, auf dem gleichen Zimmer lag und dort das besagte Foto entstand.

Ihr Sohn ist Geiger geworden, was für ein schöner Zufall!

Und wieder ein Beweis, wie klein die Welt ist.

Andrea Boccelli

Der Anruf einer aufgelösten Dame erreicht mich beim Wäscheaufhängen.

Die erste Frage ist ungewöhnlich, denn sie lautet: „Können Sie auch etwas von Andrea Boccelli zu einer Beerdigung spielen?"

Für diese Frage hätte ich mehrere Antworten parat.

Ich könnte jetzt sagen: „Andrea Boccelli ist ein blinder italienischer Tenor, der komponiert nicht!".

Oder: „Ich kann nur spielen, aber nicht singen!"

Stattdessen entscheide ich mich in Sekundenbruchteilen für die Antwort Nr. 3: „Ja, ich kann sehr gerne das Ave Maria von Johann Sebastian Bach und Charles Gounod spielen, mit dem Boccelli regelmäßig zu hören ist."

Bingo! Ich habe das richtige Stück erraten.

Zuerst klären wir einige organisatorische Einzelheiten.

Zum Beispiel wird von den Angehörigen zusätzlich ein Organist gewünscht. Ich erkläre der Anruferin, dass sie sich selbst darum kümmern und ihn auch selbst bezahlen müsse. Danach Fragen zum Ablauf, die primär mit dem Pfarrer zu klären sind und dann die übliche Frage nach dem Honorar. Dieses ist bei mir, im Gegensatz zu Konzerten, nicht verhandelbar, ich habe Fixpreise für Aussegnung oder Requiem und: Ich bin absolut bezahlbar.

Jetzt wird die Dame auf einen Schlag ganz ruhig und das Gespräch ist schnell beendet.

Am Nachmittag ruft mich eine Organistin an, ob ich am nächsten Tag eine Beerdigung in einem Ort im Chiemgau spielen könnte. Ich muss etwas grinsen. Es ist die Veranstaltung, für die ich schon angefragt beziehungsweise sogar engagiert bin.

„Die angefragte Musikerin ist zu teuer!", plaudert sie unabsichtlich aus dem Nähkästchen.

Da rufe ich doch gleich mal bei der zuständigen Bestatterin an. Diese weiß erstaunlicherweise sofort, um welche Beerdigung es geht. Auch sie hatte schon einiges an Organisationsarbeit mit der Dame.

Wir vereinbaren eine Ausfallgebühr, falls sich die Angehörige jetzt doch noch für eine andere musikalische Umrahmung entscheiden sollte. Manchmal ist es einfach etwas mühsam.

Aber die erfahrene Frau vom Beerdigungsinstitut kann Ruhe in die Sache bringen und so treffe ich am nächsten Tag rechtzeitig in der kleinen Kirche ein.

Die Türe ist offen und schon nach kurzer Zeit sind mein Instrument und ich bereit.

Die Mesnerin kommt herein, die ersten Trauergäste betreten den Kirchenraum, der Pfarrer erscheint. Es fehlt zu unserem gemeinsamen Glück nur noch ein Organist.

Noch 10 Minuten, noch 5 Minuten, der Geistliche wird immer unruhiger.

2 Minuten vor Beginn lasse ich mir von der Kirchenbesorgerin den Schlüssel zur Orgelempore geben, stürme hinauf und hole mir die dicken Notenbücher für die Liturgie.

Als Jugendliche hatte ich einige Monate Orgelunterricht, aber als verfrorener Schisser, der ich nun mal bin, war es mir immer zu unheimlich und auch viel zu kalt in der Kirche.

Jetzt hätte es sich ausgezahlt, wenn ich Jahre zuvor etwas mutiger gewesen wäre. Aber da Orgel und Harfe sowieso im edlen Dauer-Wettstreit sind, wer das königlichere Instrument ist, kann ich die Stücke auch auf der Harfe zupfen. Und das tue ich dann auch schon drei Minuten später. Wie so oft singt natürlich kaum ein Mensch bei den ausgewählten Kirchenliedern mit.

Also singe ich, während ich Harfe spiele, in Personalunion, begleite die Liturgie und bringe auch noch einige Solostücke zu Gehör.

Nach der Beerdigung heule ich mich erstmal bei der Mesnerin aus. Diese meint nur, dass auch sie so ein Tamtam überhaupt nicht haben könne und ob ich den Blumenschmuck auf dem Sarg gesehen hätte, weil der sicher gar nicht billig war.

Direkt nach der Beerdigung gibt es auch kein „Danke, schön war's" oder „Entschuldigen Sie, ich habe vergessen, den Organisten zu bestellen."

Aber ein halbes Jahr später(!) erscheint allen Ernstes eine große Dankanzeige in der Zeitung, in der auch ich erwähnt werde. Das ist doch was fürs Harfenistinnen-Ego ...

So kann ich nicht arbeiten, ich reise ab ...

Ich putzte gerade meine Zähne nach dem Frühstück, als das Telefon läutete.

Die Stimme am anderen Ende kannte ich und deshalb war ich auch gar nicht erstaunt über die Anweisung, bitte kurzfristig, SOFORT nach Saarbrücken zu kommen. Die Probe, zu der ich dringend gebraucht werden würde, begänne um 15 Uhr, das Konzert um 20 Uhr.

Ich handelte eine halbstündige spätere Ankunft heraus, füllte einen Koffer und sprang in den Zug.

Sie wundern sich? Ich nicht.

Bei diesem Orchester war das Verrückteste gerade normal genug. Mit ihm und seinem Dirigenten war ich zuvor schon auf mehreren Kontinenten unterwegs gewesen.

So hatten wir beispielsweise das Vergnügen, sechs Konzerte in sechs osteuropäischen Ländern zu geben. Das Ganze innerhalb von einer Woche.

Das ist durchaus effektiv, nur nicht unbedingt kräfteschonend.

Während der Meister im Helikopter fliegen durfte, wurden wir am einzig freien Tag im Bus von Prag nach Warschau, quer durch die Walachei, geschaukelt.

In der polnischen Hauptstadt stand nachts auf einmal ein Typ im Zimmer und durchsuchte unsere Habseligkeiten (Tipp: Wenn der Koffer nicht so ordentlich gepackt ist, tut sich ein Dieb schwerer. In diesem Fall war er glücklicherweise nicht erfolgreich).

In Kiew durften wir das Theater nicht verlassen. Die anwesenden Security-Männer mit Sonnenbrille und Knarre vermittelten uns zumindest einen theoretischen Hauch von Sicherheit.

In Moskau saß ich stundenlang in den Katakomben des Konzertsaals und hörte mir die Geschlechts-Umwandlungsgeschichte einer mitgereisten Journalistin an. Bratislava, Budapest, Prag - überall gab es fantastische, teils morbid glänzende Säle, aber was viel anstrengender war: Es gab immer zu wenig zu essen. (Mir ist völlig klar, dass ich hier von einem temporären Luxusproblem spreche, nur braucht man für gutes Musizieren auch ein funktionierendes Hirn, ergo Kohlenhydrate!)

Wenn man täglich in einem anderen Land ist, hat man selten das jeweils passende Kleingeld mit, um sich selbst etwas kaufen zu können. Also frühstückt man möglichst ausgiebig im Hotel, packt sich noch hamstermäßig etwas vom Buffet ein und wenn man Glück hat, erwischt man abends vor oder zur Not auch erst nach dem Konzert noch etwas für zwischen die Kiemen.

Etwas eleganter lief das Ganze in Japan ab.

Ich durfte mit auf eine Tournee und hatte das Glück, die Kaisergärten in Kyoto, die Märkte in Nagoya und die verrückte Innenstadt von Tokio zu besichtigen. Die Hotels waren großartig und man konnte aus japanischem, kontinentalem und amerikanischem Frühstück wählen. Außerdem reisten wir eine Etappe mit dem berühmten Schnellzug Shinkansen nach Osaka, auf dem Schoß eine liebevoll gefüllte Bentobox mit lauter Leckereien. So geht Brotzeit! Seither liebe ich die japanische Küche über alles!

Wahrscheinlich kleben auch heute noch Bilder mit mir in einigen japanischen Fotoalben, meine Körpergröße war für viele eine Attraktion und ich wurde – gefragt oder ungefragt - permanent von kichernden Asiaten portraitiert.

Den anderen Musikern ging es mit den Besichtigungen nicht annähernd so gut wie mir, sie mussten nämlich fast die ganze Zeit im Hotel proben. Auch hier ist die Wahl des richtigen Instrumentes von Vorteil! (Der vielfach empfohlene Wechsel zur Flöte oder Triangel hätte mich um viele wunderbare Eindrücke gebracht!) Ich hatte jeweils nur eine gemietete Harfe in den Konzertsälen zur Verfügung, die dann von eilfertigen Helfern mit weißen Handschuhen je nach meinen Wünschen von links nach rechts verschoben wurde. Dabei selbst mit Hand anzulegen war unter gar keinen Umständen erlaubt. Spielen durfte ich aber schon.

In Amerika wiederum durften wir im weltberühmten Saal der UNO-Vollversammlung auftreten. Die anwesenden Zuhörer lasen während des Konzertes Zeitung, telefonierten oder kramten in Akten. Das muss man erst einmal sacken lassen, wenn vorne Beethoven von einem wunderbaren Orchester gespielt wird und die Aktienkurse oder eine abendliche Dinnerplanung anscheinend wichtiger sind.

Dafür hat die UNO-Toilette aber eine sagenhafte Aussicht auf New York.

Auch hier konnte ich (leider!) nicht im Hotel proben und so war sogar Zeit für eine Opernaufführung in der MET. Von den billigen Stehplätzen aus hatte ich mir bereits einen nicht besetzten Platz in einer der vorderen Reihen ausgesucht. Nach der Pause saß ich auch schon auf dem anvisierten Stuhl mit sagenhaftem Blick auf die Bühne. Die neben mir sitzenden, schön aufgehübschten Abonnement-Inhaber waren ziemlich irritiert über meine Anwesenheit, aber so einen wunderbaren Platz verfallen zu lassen, wäre doch auch schade gewesen.

Auf derartige Reisen kamen neben einigen Journalisten auch immer ein Schwung betuchter Damen mit, die sich permanent im Dunstkreis des Dirigenten aufhielten – anstatt sich zum Beispiel die Stadt anzusehen, wenn man schon mal da war.

Da ich nicht bei allen Stücken mitspielen musste, saß ich während der Anspielprobe, wie so oft beim Warten auf den nächsten Einsatz, im Saal und kam so ungewollt in den „Genuss" einiger privater Auseinandersetzungen.

Ich unterhielt mich gerade mit einer Immobilienbesitzerin, die mir ihr Herz über ihre letzten Affären ausschüttete.

Da betrat der Dirigent, begleitet von einer Reederswitwe, den Saal, woraufhin die neben mir sitzende Lady sofort zur Schnappatmung überging. Sie stürzte auf die zwei zu und keifte: „Er und ich gehen jetzt noch zu der Einladung, wo Menschen wie Sie nicht willkommen sind!" Daraufhin antwortete die Hanseatin lapidar: „Und ich kenne in Hamburg einen Verein, der bringt auch noch Damen in Ihrem Alter Benehmen bei!" Drama!

Ich musste wieder als Seelentröster herhalten.

In Deutschland sind wir des Öfteren nachts quer durch die Republik gefahren, um am nächsten Tag wieder ein Konzert in einer anderen Pampa zu spielen.

Einmal fehlte dann eine zweite Harfenistin und ich musste versuchen, beide Stimmen zu koordinieren.

Ein anderes Mal war ich die zweite Harfe, aber die erste Harfe hatte kein eigenes Instrument dabei. Also musste ich ihr meine Klampfe übergeben und ging während des Konzertes spazieren.

Ab und an übernachteten wir in gerade noch nicht offiziell eröffneten Luxushotels, die dann in der Früh ein paar Zimmer nachrenovieren mussten. Und manchmal waren wir gezwungen, in derartigen Kaschemmen zu übernachten, dass schon Barfußlaufen im Zimmer eine hygienetechnische Herausforderung war.

Das war nur ein kleiner Überblick über meine Erfahrungen mit diesem Haufen.

Sie sind jetzt also informiert und ich auf dem Weg nach Saarbrücken. Eine Harfe musste ich dieses Mal nicht mitnehmen, denn nach langem Bitten und Betteln war es mir gelungen, mithilfe des Fördervereins eine Orchesterharfe zu kaufen, die ab da immer im Tourtransporter dabei war. Somit konnten jetzt auch Harfenspieler aus dem Ausland verpflichtet werden.

Im Saarland angekommen, fand ich den Rest der Mannschaft in einem Bierzelt, das mitten auf einem Sportplatz stand. Das war also die heutige Konzert-Location in illustrer Umgebung!
Die Harfe war auch da und wir probten uns - wie meistens - etwas unkoordiniert einmal quer durchs Repertoire. Die routinierten Musiker funktionierten und der Abend konnte kommen. Das Bierzelt füllte sich mit der Lokalprominenz und Fans des Dirigenten - Samt und Seide auf Tartanbahn. Die Spannung stieg.
Und dann saß ich. Und saß. Und dann saß ich immer noch dekorativ auf der Bühne an meiner Harfe und spielte keinen einzigen Ton. Das Programm wurde ad hoc angesagt, aber die Stücke, bei denen eine Harfenstimme dabei war und die wir auch geprobt hatten, kamen nicht dran. Bis zur Zugabe blieb ich auf meinem Stuhl sitzen und hoffte auf einen Einsatz, der die Reise nach Saarbrücken nur irgendwie gerechtfertigt hätte. Aber mir war keine Note vergönnt. Ich bekam also praktisch ein Honorar fürs Zugfahren und fürs dekorative Dasitzen! Das hat auch nicht jeder!
Na ja, dann eben ein Einsatz am nächsten Tag. Es ging nach Holland in einen Wallfahrtsort.
Dort angekommen schaute mich der Orchesterwart ganz entgeistert an. „Was machst denn Du hier?" - „Äh, ich soll heute spielen!" - „Quatsch, die Kirche ist viel zu klein für eine große Besetzung, hier ist heute nur kleines Ensemble!"
Ok, wieder ein Tag zwangsfrei. Keine Harfe, die war nämlich schon

auf dem Weg nach Wuppertal, dazu ein scheußliches Hotel.

Ein „Wallfahrtsort-Besuchs-Honorar" wurde trotzdem ausbezahlt. Aber am nächsten Tag: Nordrhein-Westfalen! Und das gleich mit vollem Programm. Erst kamen wir nicht mit dem Bus an die Konzerthalle, da Stunden vorher tragischerweise ein paar Gondeln der Schwebebahn abgestürzt waren. Dann wurde geprobt, was das Zeug hielt, denn am Abend sollte das Konzert für eine CD mitgeschnitten werden.

Damit man, sollte vor Publikum etwas schiefgehen, klingendes Material zum Ausbessern hat, werden Proben oft gleich mit aufgenommen. Das heißt, man muss sich die ganze Zeit maximal konzentrieren. Das macht Hunger. Und genau aus diesem Grund bewegte ich mich zu den Orchesterwarten mit dem Hinweis, dass es jetzt schon mal an der Zeit wäre, irgendwas zum Essen aufzutreiben. Mein Wunsch war den Herren Befehl. Und Sie glauben es nicht: Für das GANZE Orchester brachten sie: ZWEI PIZZAS! Immerhin Extra-Large. Aber bevor ich auch nur eine Nase voll Pizzaduft nehmen konnte, hatten sich die Blechbläser das Objekt der Begierde unter den Nagel gerissen und gemeinschaftlich verschlungen.

Und weil ich in Eigenregie eine russische Harfenistin mit einem Telefonat zur Anreise am nächsten Tag bewegen konnte, bin ich noch vor der Zugabe (bei der ich angeblich nicht mehr spielen musste) in den Nachtzug gesprungen und nach Hause gefahren. Natürlich nicht ohne mir am Bahnhof noch eine Pizza mitzunehmen - ganz für mich alleine!

Irgendwann ist es dann auch mal gut mit Chaos ...

Verwöhnkur

Früher gehörte es zu meinen Weihnachtsbeschäftigungen, am Heiligen Abend in Luxus- oder Sporthotels dekorativ zu klampfen. Was für den Gast wohltuende Entspannung bedeuten kann, ist für einen Musiker meist relativ mühsam.
Während man spielt, malt man sich aus, wie schön es jetzt zu Hause neben dem Christbaum sein könnte. Umgeben von netten Familienmitgliedern, umsorgt mit einem guten Abendessen und danach vielleicht noch der Besuch einer festlichen Christmette.
Aber in der Realität sitzt man zupfend zwischen aufgebrezelten und schlemmenden Familien, die sich nicht viel zu sagen haben und hofft, dass die Zeit möglichst schnell vergeht.
Ab und an kommt ein Gast auf dem Weg zur Toilette vorbei. Von vielen wird man komplett ignoriert, andere nicken wenigstens huldvoll, äußerst selten wird eine kleine Gabe auf dem Notenständer abgelegt.
Einmal passierte es allen Ernstes, dass ein Herr, nach prüfendem Blick auf meinen Rücken, sagte: „Ich dachte echt, dass Sie eine Puppe sind!"
Ja genau - und alle 30 Minuten kommt ein Ober mit dem großen Schlüssel und zieht mich wieder auf ...

Vor vielen Jahren wurde ich, noch während meines Studiums in Lausanne, sehr kurzfristig von einem 5-Sterne-Hotel im Nobelort Gstaad gebucht.
Am 24. und 25. Dezember sollte ich jeweils einige Stunden zum Essen „backgrounden". Und das Tollste: Mein Mann durfte mitkommen. Wir freuten uns auf ein schönes Hotelzimmer mit leckerem Essen.
Aber es kam ein bisschen anders.

Gespannt nahmen wir vom blasierten Rezeptionisten den Zimmerschlüssel in Empfang und wunderten uns zuerst, dass wir, um zum Zimmer zu gelangen, das Hotel über einen Seitenausgang wieder verlassen mussten. Quer über den Hof erreichten wir ein Nebengebäude. Das musste ja noch nichts bedeuten.

Aber dann die große Überraschung: Wir waren im Dienstbotenhaus untergebracht! Unser Zimmer hatte den Charme einer sehr alten Jugendherberge. Der komplett mit Linoleum ausgelegte Raum wurde von einem scheußlichen Metall-Stockbett dominiert. Dazu gab es ein Bad auf dem Gang. Das war an Romantik kaum zu überbieten.

Vor der Abfütterung der Luxusgäste sollten wir dann selbst zum Essen kommen.

Auch hier: Überraschung!

Wir wurden in die Kantine der Mitarbeiter geschickt, dort gab es matschige Nudeln mit roter Soße!

Immerhin machten die so satt, dass ich nachher den Anblick, der an mir vorbeigetragenen Hummerplatten gut aushalten konnte.

Ich saß zupfend in edlem Ambiente, ließ immer wieder einen Blick über das Schauspiel gleiten und dachte an meinen armen Mann, der sich an die Bar gesetzt hatte.

Er erzählte hinterher von einsamen Vätern, die bei ihm ihren Frust abluden. Das ganze Jahr wären die Kinder im Internat. Und wenn sie dann an Weihnachten zusammenkämen, wüssten sie nicht, was sie miteinander anfangen sollten.

Noch dazu war gerade in diesem Jahr kein Schnee in den Bergen rund um den Nobelort gefallen. Es goss wie aus Kübeln, die grün-braunen Pisten boten zwischen umherziehenden Nebelschwaden auch keinen schönen Anblick.

Mein zweiter Tag gestaltete sich ähnlich festlich wie der erste.

Für das Abendessen hatte sich das Hotel mächtig ins Zeug gelegt! Der Tisch der Mitarbeiter-Kantine war mit Plastiktannengirlanden und roten Servietten dekoriert.
Für die Belegschaft wurden panierte Schnitzel vom Vortag in Streifen geschnitten und in eine Fertigmischung Currysoße gekippt. Dazu gab es Reis, der immerhin frisch gekocht aussah. So lässt es sich arbeiten!
Die armen Mitarbeiter ...
So viel zum Thema „Verwöhnkur" im 5-Sterne-Hotel!

Danach habe ich noch oft in Sporthotels gespielt. Aber seit wir Kinder haben, verweigere ich jede Spielanfrage für Weihnachten.
Die ersten diesbezüglichen E-Mails kommen jedes Jahr bereits im Januar, ganz besonders gut organisierte Häuser rufen auch noch fünf Tage vor Weihnachten an ...

Don't call us. We call you.

„Das beginnt ja gut", dachte ich mir, und verdrehte innerlich schon mal die Augen. Es sollte ein Zustand bleiben, der sich über zehn Tage hielt ...

Ein Arzt war am Telefon, der mich engagieren wollte. Er konfrontierte mich in den ersten Minuten eines Telefonats mit folgender Aussage:
„Ein berühmter Geiger hat über mich gesagt, ich wäre der beste Mandolinist unter den Fachärzten und der beste Facharzt unter den Mandolinisten!"
Aha. Jetzt hatte ich mehrere Möglichkeiten, auf so eine Aussage zu reagieren.
1. Ich könnte das Gespräch sofort beenden.
2. Ich recherchiere parallel im Internet, wer der Typ ist und warum ich von dem Genie noch nichts gehört habe.
3. Ich schalte auf Selbstbeweihräucherungsdurchzug, höre zu und streue regelmäßig Floskeln wie „unglaublich!", „wunderbar!", „erstaunlich!", „sensationell!" etc. ein.

Ich entschied mich für die Nummer 3! Es wäre nicht das erste Engagement, das ich durch stoisches Aushaltenkönnen von seltsamen Begleitumständen bekommen habe.

Nach fünf Minuten wusste ich schon mehr.
Der Herr plante ein Symposium zu einem großen politischen Thema, an der See.
„Sie werden nie mehr so viele wichtige Menschen auf einem Haufen sehen!" flötete es aus meinem Handy. Namen und Titel purzelten nur so durch den Äther.

Wenn er wüsste, wie egal mir Titel sind.
Ich halte es grundsätzlich mit Artikel 1 der Menschenrechte: Alle
Menschen sind gleich.
Er hätte für seine Tochter eine historische Harfe gekauft, die sollte
ich bei diesem großartigen Event präsentieren.
Dass weder er noch der Nachwuchs Harfe spielten, hatte er durch-
aus mitbekommen. Aber so ein Möbel macht doch etwas her, im
stilvollen Eigenheim.

Wir einigten uns darauf, dass ich das Instrument erst sehen müsse,
bevor ich entscheiden könne, was darauf spielbar wäre.
Selbstverständlich sei das eine Harfe der Superlative!
Sie sei schon alt, von einem berühmten Harfenbauer geschaffen, ex-
klusiv in einer bedeutenden Werkstatt in Paris restauriert und - wie
konnte es anders sein, wenn er sie gekauft hattte - ein Juwel unter
den Saiteninstrumenten.

Bei einem seiner täglichen fünf Anrufe mit viel warmer Luft erfuhr
ich, dass er die alte Dame soeben beim Verkäufer abgeholt habe.
„Ich muss Ihnen sagen, hach, liebe Frau Silke - seufz - die Harfe ist
leider wunderschön!"
Ich war gerade beim Zwiebelschneiden und gratulierte etwas kurz
angebunden in einem Halbsatz.
Aber das fiel im Dauermonolog des harpophilen Herrn gar nicht
auf.
Kurz bevor meine Nudeln weichgekocht waren, stand der Plan,
dass wir uns zur Übergabe des Harfenbauwunders Ende der Woche
in einer größeren Stadt treffen wollten.
Auch die nächsten Tage erhielt ich mehrere Bulletins, wie es dem
Härfchen, ihm selbst, seiner Gästeliste, seinem Hund, seiner Frau,
der nicht-harfespielenden Kronprinzessin, der Menschheit im All-

gemeinen und seinem Stargast im Besonderen so ging.

Sein Stargast war ein berühmter Geistesmensch und sollte auf dem Symposium einen mit Sicherheit weltbewegenden - wenn nicht sogar revolutionären - Vortrag halten.

„Wissen Sie, ich habe ihm gesagt, dass er eine arrogante Diva ist! Solchen Leuten muss man das ab und an klarmachen. Die wissen doch gar nicht, was ein normales Verhalten ist!"

Mein Gastgeber kannte sich also laut Selbstauskunft im Universum der Schlauen und Wichtigen aus und machte seinen Einfluss, gefragt oder ungefragt, geltend.

Außerdem erzählte er noch, er habe mittlerweile meine Stimme analysiert! Ich sei nicht sehr intellektuell - aber wohl doch ausreichend, um sein großartiges Event musikalisch zu bereichern. Und da das Regionalfernsehen ja ebenfalls käme, würde mich die Frau von der Maske auch optisch schon noch auf Niveau bringen.

Während solcher Anrufe - jeden zweiten von ihm drückte ich eh schon weg, weil ich einfach auch noch andere Sachen zu tun hatte - räumte ich Wäsche in Waschmaschinen, bahnte mir Wege durch Kleiderwanderdünen in Kinderzimmern oder sortierte meinen Schreibtisch. Ich dachte zum ersten Mal intensiv über die Investition in ein Headset nach.

Nur bei der Frage nach dem Honorar wurde ich plötzlich hellwach. Ein Ereignis dieser Güteklasse sollte sich auch für mein Finanzamt lohnen. Wir feilschten wie auf einem Basar.

Das final festgelegte Honorar war am Rande der Frechheit für einen derartigen Aufwand. Ich sagte trotzdem zu.

Der Abholtag des angeblichen Klangwunders war gekommen.

Wir trafen uns am vereinbarten Ort. Stolz stand er neben seinem Auto.

Sein Hund saß mitten auf den Saiten der, nur mit einer Decke geschützten Harfe. Nicht ideal, wenn ich mir die Bemerkung erlauben darf!

Verzückt verdrehte das Herrchen die Augen.

„Ach, er hat sich halt auch schon so in das Baby verliebt!"

„Ja, aber jetzt wäre es doch gut, wenn Hündchen seinen Popo mal von dem Ding runternehmen würde", dachte ich und schob den Köter auf den Fahrersitz.

Als ich das historische Zeugnis der Harfenbauerkunst in mein Auto verräumt hatte - natürlich nicht, ohne es vorher ausgiebigst im Beisein des neuen Besitzers bewundert und gelobt zu haben - sah er mein weltbestes Harfenwägelchen im Kofferraum liegen.

So eines bräuchte er auch.

Ich sagte, dass ich ihm das gerne besorgen könnte, dass es aber leider 500.- Euro kosten würde.

Seine Antwort zu diesem Einwand lautete: „Kindchen, das habe ich doch gerade zufällig bar in meiner Hosentasche! Bringen Sie mir einfach beim nächsten Treffen eines mit!"

Falls Ihnen jetzt ein Messer in Ihrer Hosentasche aufgeht, wissen Sie ja, wie ich mich fühlte.

Dann erläuterte er mir noch, dass er auch meine Augen analysiert hätte und zu dem Schluss gekommen sei, dass ich keine Zicke wäre. Wie schön! Hätte er mich gefragt, hätte ich ihm das auch so sagen können.

Ich fuhr also mit spannender Fracht nach Hause und probierte das Instrument gleich aus.

Leider schepperte und krachte es etwas. Eine alte Harfe ist nur ganz selten wirklich ohne Probleme spielbar.

Per Whatsapp bekam er ein kleines Filmchen von mir, das die Missstände aufzeigte und unmittelbar darauf bekam ich den unvermeidlichen Anruf.

Warum die Harfe scheppern würde? Was man dagegen tun könne? Große Aufregung!

Ich beruhigte ihn und sagte ihm meine Rückmeldung zu, sobald ich mehr wüsste.

Einen Tag später brach ich mir die Hand! Beim schwungvollen Aufsteigen aufs Rad rastete ich mit dem linken Fuß im Klickpedal ein und sauste mit Karacho und absolut chancenlos dem Kopfsteinpflaster entgegen.

Meine Hand tat weh, ich war geschockt und traurig! Trotzdem musste ich nach dem Ergebnis des Kernspins am nächsten Morgen „meinen" musizierenden Facharzt informieren, dass ich leider sein Symposium nicht umrahmen könnte.

Es tat ihm leid und das nahm ich ihm auch ab.

Trotzdem musste ein Ersatz für sein Event einen Monat später organisiert werden.

Ich nannte ihm eine junge Harfenistin, die soeben ihr Studium abgeschlossen hatte und die ich schon mehrmals hören durfte.

Drei Minuten später der nächste Anruf. Das Mädchen wäre ihm zu jung, er bräuchte für seine Veranstaltung jemanden von Format. Wie es denn mit einer Solo-Harfenistin eines berühmten Philharmonischen Orchesters aussähe? Diese wäre ihm nämlich von Experten empfohlen worden.

Ich antwortete, dass diese Kolleginnen natürlich alle wunderbar seien, aber ich mir nicht sicher wäre, ob sie zu dem mit mir vereinbarten Honorar auch nur einen Ton spielen würden. Er versuchte, mich mit dem Satz „Geld spielt doch keine Rolle!", zu beruhigen.

Daraufhin platzte mir der Kragen! Jetzt wollte ich doch von ihm wissen, ob er sich vorstellen könnte, wie es mir gerade ging? Eigentlich hätte ich das Konzert gerne selbst gespielt und jetzt müsste ich mich auch noch um einen Ersatz kümmern! Übrigens einen Ersatz, der dann auch noch wesentlich mehr Geld für den gleichen Auftritt bekommen würde als ich bekommen hätte! Aber den letzten Satz dachte ich mir nur.

Er tat sehr verständig und bewunderte mich für meine Langmut. Er fragte, was ich denn jetzt überhaupt tun würde, so ohne Harfenspiel?

„Ich schreibe an meinem Buch!"

„EIN BUCH? Ja was denn für ein Buch??"

Er säße nämlich auch gerade an einem Epos.

Natürlich – auch das noch!!

Ich erklärte ihm, dass aus den Texten meiner kabarettistischen Lesung „Lebenslänglich Frohlocken" ein Bändchen entstehen solle.

„Kabarett?- JA SAGEN SIE DAS DOCH!! ICH BIN DOCH AUCH KABARETTIST! Das war ich schon während meines Studiums!!"

„Wie schön! Und jetzt bin ich also auf der Suche nach einem Verlag für dieses Buch!"

„Wie passend! Ich war doch der Chefarzt eines berühmten deutschen Schriftstellers und ich kenne durch ihn viele Verlagsleute!"

Et cetera pp.

Aaah – jetzt hatte ich einen Plan: Wenn ich schon nicht spielen konnte, dann mussten diese vielen Anrufe der letzten zehn Tage doch irgendeinen Sinn für mich haben?! Wir würden sehen.

Drei Anrufe später waren wir soweit, dass er die historische Harfe wieder bei mir abholen wollte. Zusätzlich wollte er noch, dass die von mir empfohlene junge Harfenistin vorspielen müsse. Und zwar in MEINEM Wintergarten auf MEINER Harfe.

Also empfing ich die beiden bei mir zuhause, hörte mir die Kollegin an, servierte einen Latte Macchiato und verkrümelte mich in mein Büro. Die Motivation, einen Verlag für mein Buch zu finden, ließ mich den ganzen Zauber aushalten.

Zum Abschied drückte ich ihm einige Teile dieses Ihnen jetzt vor-
liegenden Buches in die Hand.

Er würde absolut verstehen und sich darum kümmern!

Noch am gleichen Abend informierte er mich über meinen hoch-
wertigen Konzert-Ersatz, den er mittlerweile aufgetan habe. Meine
junge Harfenistin war ihm nicht gut genug.

Als ich wissen wollte, ob er schon in die Texte geschaut hätte, kam
ein huldvolles „Das mache ich gleich morgen früh!"

Und ob Sie es glauben oder nicht: Ab da vermisste ich die täglichen
fünf Anrufe fast ein bisschen. Vor allem den einen Anruf mit der
Auskunft, wie ihm - einem Mann vom Fach - meine Texte denn
gefallen hätten.

Zwei Tage später schrieb ich der jungen Kollegin eine SMS, dass es
mir für sie schon um die entgangene Gage leidtäte.

Sie war sehr erstaunt, denn davon habe sie bisher noch nichts ge-
wusst.

Da ich sowieso neugierig war, rief ich bei Herrn „Mir-ist-das-Beste-
gerade-gut-genug" an.

Anfangs war er sehr gnädig. Meine Frage, ob ich ihn stören würde,
beantwortete er mit einem „Hier sitzen gerade lauter wichtige Leute"! Natürlich - alles andere wäre in seinem Fall sowieso unrealis-
tisch gewesen!

Und, „ach so", er hätte dem Mädel auf die Mailbox gesprochen!

„Wie geht es denn Ihrer Hand?"

Zum Schluss des Gesprächs konnte ich doch noch auf meine Texte
zu sprechen kommen.

Und wie hätte es anders sein können?

„Die Geschichte mit dem Papst ist ja köstlich! Ich war ja auch schon beim Papst, zweimal!"

„Könnten Sie sich vorstellen, dies einem Verlag, den Sie kennen, zu empfehlen?"

„Ja, ich werde darüber nachdenken!"

Offensichtlich denkt er bis heute noch darüber nach.

E-Mail-Verkehr

Sehr geehrte Frau Aichhorn,
ich bin sehr begeistert von Ihrer Interpretation der Moldau von
Smetana auf youtube.
Wären Sie so freundlich, mir die Noten dieser Version zu mailen.
Geben Sie in München Unterricht oder kennen Sie vielleicht eine
Lehrkraft in München?
Mit freundlichen Grüßen und Hochachtung vor Ihrem sensiblen
Spiel
XY

Sehr geehrte Frau XY,
Danke für Ihr freundliches E-Mail.
Die Moldau-Noten finden Sie hier: www.glissando.de, Bearbeitung
Hanus Trcenek.
Ich unterrichte in Traunstein und gebe auch regelmäßig Meister-
kurse, zu finden auf meiner Homepage.
Selbstverständlich kenne ich Harfenlehrer in München.
Wie lange spielen Sie, welchen Harfentyp und bei wem waren Sie
vorher?
Viele Grüße
Silke Aichhorn

Sehr geehrte Frau Aichhorn,
ich spiele noch nicht Harfe, möchte aber bald beginnen. Bei der
Wahl des Instruments weiß ich leider auch nicht, wo ich anfangen
soll ...
Mit freundlichen Grüßen
XY

Liebe Frau XY,

Ok.

Dann rufen Sie mich einfach an, das geht schneller.

Die Smetana-Noten können Sie sich zwar mal in den Schrank stellen, aber ohne Sie schocken zu wollen, das ist nur was für sehr gute Amateure oder Profis ... 10 Jahre Harfe Minimum.

Viele Grüße

Silke Aichhorn

Manchmal weiß ich es einfach auch nicht ...

Ringwarming

Nach einer pompösen Beerdigung, bei der anschließend an den offiziellen Akt noch dreißig Minuten Konzert mit Harfe und Texten gewünscht waren, spricht mich eine Frau an.

Schniefend vor Rührung und gleichzeitig strahlend vor Begeisterung, umarmt sie mich und fragt, ob ich auch bei der Hochzeit ihrer Tochter spielen könnte, weil ich das hier so schön gemacht hätte!

Organisierende Brautmütter sind mir grundsätzlich suspekt. Deshalb versuche ich es mit einem diplomatischen „Wenn Ihre Tochter das möchte, dann sehr gerne, aber fragen Sie sie doch bitte erst!"

Nach einigen Wochen ist klar: die Tochter möchte. Leider.

Denn, wie nicht anders zu erwarten, startet mit Karacho das komplette „Bräute-bringen-mich-meistens-zum-Wahnsinn"-Paket!

In meinem Computer finden sich 15 E-Mails, alleine diese würden ein kleines Buch füllen. Zusätzlich gibt es etliche Nachrichten und Anrufe auf meinem Handy.

Zur Entschuldigung der Dame sei gesagt, dass es nach einer standesamtlichen Hochzeit auf einer Insel in einem bayerischen See, Monate später auch noch eine Feier auf einer Burg im Alpenraum gibt. Meine Musik wird für beide Veranstaltungen gewünscht.

Da kann man doch auch mal ein paar E-Mails schreiben und lesen, oder?!

Mühsam wird es dann nur, wenn Detailfragen auftreten, wie zum Beispiel der Wunsch nach einer umfangreichen Repertoireliste für die Backgroundmusik zum Sektempfang.

Soll ich jetzt 400 Stücke aufzählen, obwohl 60 Prozent der typischen Harfenkomponisten sowieso keiner kennt ...?

An dieser Stelle muss ich tatsächlich mal von meinem Recht als Profi Gebrauch machen:

„Ich habe viel Erfahrung und passe das Repertoire auf die jeweilige Situation an!" schreibe ich der Braut aus einem Zubringerbus am Flughafen in Lissabon.

Sie antwortet, dass sie mir nicht zu nahe treten wollte, nur hätten sie und ihr Mann sich ein bestimmtes Stück gewünscht, was sie von mir auf Youtube gesehen hätten!

Die Wogen glättend schreibe ich ihr, dass Sie mir dieses Stück doch ganz unkompliziert verraten könne, dann würde ich das auf jeden Fall spielen. Mannmannmann.

Wochen später ist es soweit. Die Harfe muss auf eine Insel und bis wir beide auf einem dazu nötigen, dort lokal üblichen Holzboot sind, dauert es etwas. Keiner kennt sich aus und ich irre in der prallen Sonne mit dem Härfchen vom Parkplatz zum potentiellen Anlegeplatz. Nur ist dieser Anlegeplatz aber nicht der, zu dem wir laut angegebener Adresse kommen sollten. Die Zeit bis zur Abfahrt wird immer knapper. Gleichzeitig versuche ich, die um mich herumschwirrenden und sehr aufgeregten Senioren der Verwandtschaft zu beruhigen.

Mit mehreren fußkranken Omas und Tanten im Gepäck finde ich schließlich das Brautpaar, den richtigen Steg und das reservierte Boot.

Unter Zuhilfenahme einiger Männer wuchten wir alles, was nicht selbst läuft, auf das Bötchen. Endlich kehrt etwas Ruhe ein. Der Bootsführer gibt ein paar Geschichten mit Lokalkolorit zum Besten, die Sonne scheint, es könnte nicht schöner sein.

Da fällt mir etwas auf. Ich habe die Noten des extra noch gewünschten Werkes im Auto auf dem Festland vergessen!!

Auswendig kann ich es nicht, zurückschwimmen ist keine Option ... Da schau ma jetzt einfach mal.

Sowie das Boot am Anlegesteg ankommt, zerre ich die Harfe an

Land und sprinte mit ihr über die Insel in das Schlösschen. Dort werde ich von einer äußerst forschen Standesbeamtin in Empfang genommen. Während ich die Harfe ihrer Mäntel entledige, teilt mir die Ehevollzieherin mit, dass auf KEINEN Fall Musik außerhalb des Trauungshauses gemacht werden dürfe, nicht einmal auf der Terrasse.

„Alles fügt sich und erfüllt sich", um ein bisschen Christian Morgenstern zu zitieren. Ich werde das Wunschstück also gar nicht benötigen ...

Nach der Trauung, in der sogar eine Schere zum Einsatz kommen muss, um die fachmännisch verknoteten Geschmeide vom Ringkissen zu befreien - maximale Aufregung! - wird immerhin die Terrassentür geöffnet und ich backgrounde ein bisschen.

Allerdings nur 1,5 Stücke, denn dann ist die Hochzeitsgesellschaft zum Sektempfang verschwunden, der ca. 80 Meter vom Haus entfernt stattfindet. Und da keine Musik außerhalb des Trauungshauses stattfinden darf...

Die Verweigerung der Repertoireliste bestätigt sich wieder als weise Entscheidung.

Dieses war der erste Streich, im Herbst folgt Nummer zwei.

Für die große Feier soll als Extraevent noch eine Sängerin dazukommen.

Mit eben dieser, sie ist Gesangslehrerin der musikalischen Braut, tausche ich – gezwungenermaßen- über Wochen fast täglich Whatsapp-Nachrichten und E-Mails aus, höre mir vorgeschlagene Youtube-Videos an und recherchiere nach Noten. Die Brautleute haben zwar Stücke festgelegt, aber die Sängerin findet, dass ihre Stimme bei diesen Werken nicht genügend zum Tragen käme.

Sagen Sie jetzt einfach nichts ...

Ich frage mich zwischendurch immer wieder, wie das die Harfenprofis in den USA machen, die fast ausschließlich Hochzeiten spielen. Nach meinen Recherchen haben sie auf ihren Homepages Vertragsklauseln stehen, in denen Extragebühren für Telefonate, E-Mails, Wunschstücke und Vorkonzerte vor der Hochzeit vermerkt sind. Ich überlege, ob ich das nicht auch übernehmen sollte!?

Kurz vor dem großen Tag und dem festgelegten und bereits angeübten Programm, sagt dann, mit ausschweifenden Erklärungen, die Sängerin ab, weil sie eine wesentlich bessere „Mugge" hat. Und sie teilt mir eine junge Studentin zu, die anstandslos die ursprünglichen Musikwünsche der Braut erfüllt.
Warum einfach, wenn es auch kompliziert geht ...

Am Tag vor meiner Abfahrt bekomme ich noch eine schöne E-Mail von der Hochzeitsrednerin:
„Fein wäre, wenn du während des Ringwarmings ein bisserl improvisieren könntest!
Beim Ringwarming werde ich die zwei Geschmeide auf ein rotes Band fädeln und anschließend wird das Ganze durch die ersten zwei Reihen gereicht. Eltern, Geschwister und Trauzeugen können dann ihre gute Energie in die Ringe hinein geben - da wäre eine Untermalung fein. Ich kann nicht abschätzen, wie lange das dauern wird - aber so 4-6 Minuten, denke ich, werden reichen ...
Geht das, kannst du da noch eine schöne Melodie anklingen lassen? Das wäre fein."
Ringwarming?! Ja, was es nicht alles gibt?! Vielleicht könnte ich mit meinen Erfahrungen auch noch zur Weddingplanerin aufsteigen. Obwohl. Ob ich das nervlich durchhalten würde ...?

Die einzige Probe mit der Sängerin findet direkt vor Ort im Freien statt. Die Burg liegt sehr malerisch. Viele Stühle und ein herrlicher Rosenbogen sind schon aufgebaut, den unebenen Boden ziert ein noch mit Plastikfolie verpackter weißer Teppich, es regnet nicht, aber es ist unangenehm kalt.

Im Burghof befindet sich keine Toilette in Reichweite, ich ziehe mich im Auto um. Die Brautmutter hat drei Handys in der Hand und bringt damit auch noch den einheimischen Caterer und die blumenschmückenden Dorfdamen an den Rand des Wahnsinns.

Nach der Zeremonie, die außer der Kälte wirklich schön und romantisch ist, wandert die in die ausgelegten Decken gewandete Gesellschaft mit der blaugefrorenen Braut im schulterfreien Hochzeitskleid auf die hochgelegene Burgterrasse, wo ich in der Folge noch eine Stunde im zugigen Wind dekorativ vor mich hin klampfe. Immerhin finde ich zwei Männer, die mir die Harfe hoch- und auch wieder runtertragen. Mein weltbestes Harfenwägelchen hat, bei 250 Metern Weg und einem Burghof mit kindskopfgroßen Pflastersteinen sowie zwei Stockwerken unebener Treppen, ausnahmsweise keine Chance.

Zum Abschluss bin ich noch zum Abendessen geladen. Allerdings muss ich– „nachdem der Sitzplan schon gedruckt und keine Änderung der Namen mehr möglich war, ich hoffe, das passt für Sie" – auf einem Platz mit falschem Namen sitzen. Mein 85-jähriger Sitznachbar ist sehr nett, er erzählt mir während des großartigen 4-Gänge-Menüs, strahlend und nicht ganz speichelfrei, eine Story nach der anderen. Ich lächle freundlich, nicke begeistert. Zum Glück stellt er keine Nachfragen, denn leider kann ich absolut nichts von seinem Kauderwelsch verstehen.

Aber für gutes Essen tue ich ja bekanntlich fast alles und so überstehe ich auch diesen langen Tag.

Verführungsproblematik

Von einer äußerst besorgten Sekretärin eines Festivals kommt eine E-Mail.

Der Pfarrer würde gerne wissen, ob das für die Woche danach angekündigte Konzert mit Klarinette und Harfe in eine Kapelle „passen" würde.

Wir haben für dieses Konzert einige Opernsachen im Programm - Rigoletto, Cavalleria rusticana, Figaro usw. Ich antworte deshalb mit einem – zugegebenermaßen - uninspirierten „Ja, die Harfe kommt ja schon in der Bibel vor!"

Was soll man da auch groß schreiben?

Die etwas chaotische Dame hat bereits im Vorfeld meine Energie wegen organisatorischen Miniproblemchen über die Maßen beansprucht.

Aber jetzt folgt der Anruf:

„Ich wollte jetzt doch noch mal nachfragen, ob die Stücke wirklich in ein Gotteshaus passen, wissen Sie, der Herr Pfarrer ist da sehr genau!"

„Ja, wir könnten jetzt mal ganz prosaisch sagen: Alles kommt von Gott."

„Schon, aber wissen Sie, in dem Rigoletto, da ist doch eine Arie drin, mit dem Grafen und der Verführung. Nicht dass wir da ein Problem bekommen!"

„Das stimmt, aber es handelt sich um ein Konzert mit Klarinette und Harfe, wir werden garantiert nicht singen!"

„Schon, aber wir hatten da mal eine Carmen-Aufführung und dann hieß es in der Presse: „Carmen unterm Kreuz!"

Aha.

„Na dann ist es ja ein Glück, dass die rassige Carmen diesmal nicht mit dabei ist und ich verspreche Ihnen, dass sich auch Herr Rigoletto ordentlich in den heiligen Hallen benehmen wird ...!"

Eine Woche später, einen Tag vor dem Auftritt, bekommt der Herr Klarinettist die Chance, als Solist in der Bayerischen Staatsoper einzuspringen.

Das ist ein schlagendes Argument und da kann dieses Festival jetzt wirklich nicht dagegen anstinken.

Normalerweise macht man das nicht, aber in diesem Fall muss der Veranstalter notgedrungen zustimmen.

Ich werde also solo spielen, was mir ja eh immer sehr recht ist.

Mit ausreichend Vorlauf für eine seriöse Vorbereitung bin ich nach einer längeren Autofahrt am Konzertort angekommen.

Dort erfahre ich, dass in 20 Minuten eine Messe in der Kirche beginnt, die dann erst 15 Minuten vor Beginn meines Konzerts zu Ende sein wird. Und die Zuschauer müssen ja auch noch eingelassen werden. Großartig.

Zur Mesnerin gewandt erlaube ich mir den Einwurf, dass ich mich eigentlich nach den mehreren hundert Kilometern am Steuer gerne einspielen würde!

Sie ist tiefenentspannt und befindet, dass ich das gerne hinter dem Altar machen könne.

Bei Begutachtung der Lokalität sehe ich dann eine drei Meter hohe Holzwand, die die Apsis unterteilt. Und da Kirchengebäude in der Regel höhere Decken haben als eine Altbauwohnung, ist in diesem Fall der Luft- und Schallaustausch garantiert.

„Äh, wie soll ich mich hier einspielen? Da hört man ja in der Kapelle alles!"

Die Dame ist irritiert und fragt zurück:

„Ach so, machen Sie dabei Lärm?"

Ich habe mich dann in einer zugigen Schmiedewerkstatt zwischen Amboss, Werkbank und viel Metall, gegenüber der Kirche, eingespielt.

Typisch ich

Eine absolute Mangelbegabung habe ich leider im Erkennen von Gesichtern und dem Merken der dazugehörigen Namen. Dies führt mitunter zu seltsamen Situationen.

Bei einem Konzert in Nordhessen kommt in der Pause ein Herr auf mich zu und sagt:
„Kennen Sie mich noch?"
Mein Hirn läuft auf Hochtouren – aber, wie so häufig, habe ich keine Ahnung, wer da vor mir steht.
Ich versuche es mit: „Waren Sie bei mir im Konzert?"
„Ja, in Köln!"
„Aha, in Köln. Da habe ich in der Philharmonie zusammen mit dem Windsbacher Knabenchor gespielt! Haben wir uns hinterher noch in meiner Garderobe oder bei dem anschließenden Empfang unterhalten?"
Seine Antwort kommt wie aus der Pistole geschossen: „Nein!" und grinst ein bißchen.
Da habe ich jetzt nochmal Glück gehabt. Selbst mit einem fotografischen Gedächtnis wäre ich in diesem Fall chancenlos gewesen, in die Philharmonie passen knapp 2000 Zuschauer.
Ich denke mir, wie schön, dass zumindest er sich an mich persönlich erinnert und bedanke mich bei ihm für seinen erneuten Konzertbesuch.

Peinlicher war allerdings folgender Fall von Erinnerungslücke, weil er in meiner Heimat-Konzertreihe stattfand.

In einer Konzertpause unterhalte ich mich sehr angeregt ein paar Minuten mit einem Herrn. Dann kommt mein Göttergatte hinzu und ich stelle ihm mein nettes Gegenüber vor: „Das ist Herr Dr. K., der ehemalige Direktor meiner Schule." Daraufhin antwortet dieser leicht indigniert: „Äh, nein, ich bin Dr. L., der Direktor der Sparkasse!"

Typisch ich eben!
Deshalb meine Empfehlung an Sie: Falls wir uns einmal begegnen und Sie nur den Ansatz eines Zweifels in meinem Gesicht lesen können, dann sagen Sie mir doch bitte lieber gleich, wer Sie sind!

Holzfuß in concert

Kurz nach meinem Studium, in der französischen Schweiz, durfte ich viele Konzerte für Live-music-now geben. Dies ist eine wunderbare Einrichtung, die der große Geiger Yehudi Menuhin ins Leben gerufen hat.
Dabei werden in einem Wettbewerb junge Musiker ausgewählt, die regelmäßig in soziale Einrichtungen gehen, um Musik zu den Menschen zu bringen, die aufgrund ihrer aktuellen Lebenssituation nicht ins Konzert gehen können.
Ein besonderer Schwerpunkt bei der Auswahl der Live-music-now-Musiker, liegt unter anderem auf der Bereitschaft, sich unkompliziert auf die jeweiligen Örtlichkeiten und die Menschen einzustellen. Man soll moderieren und kommunizieren - also alles, was ich schon immer gerne tat.
So habe ich im Laufe einiger Jahre in Gefängnissen, Hospizen, Krankenhäusern, Krebsstationen, Altenheimen und Blindenschulen gespielt - und unglaublich viel dabei gelernt.

An einige dieser Konzerte habe ich besonders schöne Erinnerungen.

Mein erster Auftritt fand zusammen mit einer Mezzosopranistin in einer bekannten Nervenheilanstalt nahe München statt – ein spannender Konzert-Ort für eine Premiere!
Als Live-music-now-Youngster bereiteten wir uns sehr professionell vor und trafen pünktlich am Haus ein. An der Pforte wurden wir erst einmal kurz aufgeklärt, wie man sich im Haus zu verhalten hätte. Dann gelangten wir, geführt von einer Wärterin, durch einige Sicherheitstüren in den Auftrittsraum.
Ich merkte, wie sich mein Kopfkino selbstständig machte. Mehr-

fach gesicherte Türen – ich würde hier nicht sofort rauskommen, falls ich es wollte ...

Aber solche Gedanken waren hier jetzt nicht gefragt.

Wir hatten eine Mission und die galt es zu erfüllen!

In dem kleinen Veranstaltungsraum spielten wir uns ein und dann wurden auch schon die Gäste hereinbegleitet.

Eine bunte Mischung, die uns offen bis misstrauisch beäugte. Bis alle saßen, dauerte es etwas.

Und noch bevor wir mit unserem ersten Lied starteten, fing es auf einmal in hohem Ton und durchdringend an, zu pfeifen.

Keiner bewegte sich.

Anscheinend lag die Frequenz in einer altersverträglichen Höhe, denn niemanden schien es zu stören.

Was konnte das sein?

Mein Blick ging zu einer der grauhaarigen Helferinnen. Mit pantomimischen Gesten versuchte ich ihr klarzumachen, dass da ein Nebengeräusch war und dass es nervte.

Endlich nickte sie erkennend, ging auf eine Dame in der zweiten Reihe zu und schrie sie an: „Frau Huber, Ihr Hörgerät pfeift!"

Wieder was gelernt für die Zukunft.

Und: Ich habe dieses Wissen nachher immer mal wieder gebraucht ...

Wir waren also jetzt bereit, der Saal war ruhig, unser Programm begann.

Ich zupfte einige Einleitungstakte und die Sängerin legte los.

Da ging die Türe auf.

Im Augenwinkel sah ich eine Dame herannahen.

Um genauer hinzuschauen fehlte mir aber die Zeit, trotz meiner erwiesenen Multitasking - Fähigkeiten.

Bange fragte ich mich, wie das nochmal mit den mehrfach versperrten Türen war.

Die verspätete Konzertbesucherin schlürfte gemächlich Reihe für Reihe näher - mein Herzschlag erhöhte sich - und dann setzte sie sich genau auf den leeren Stuhl direkt vor meiner Duopartnerin. Mit dem Kommentar: „Da sitz i mi jetzt a moi hi und dua mein Hax oba" (zu Deutsch: „Da setze ich mich jetzt einmal hin und nehme meinen Fuß ab"), unterbrach sie lautstark unseren Vortrag.

Wir waren kurzfristig völlig irritiert, gaben aber noch nicht auf. Die Dame nestelte an ihrem Knie herum und hatte plötzlich einen Holzfuß in der Hand, den sie geräuschvoll neben sich auf den Boden knallen ließ.

Ab da waren wir, zumindest was abgeschnallte Holzfüße angeht, für das Konzertbusiness gerüstet.

Bei einem anderen Konzert waren wir in ein großes Kinderkrankenhaus eingeladen.

Berührungsängste sollte man keine haben, denn es ist definitiv keine einfache Sache, auf einer Kinderkrebsstation Musik zu machen. Die Kinder freuten sich aber sehr und zupften begeistert an meiner Harfe. Die anwesenden Eltern strahlten mit ihren Kindern um die Wette. Die willkommene Abwechslung im Klinikalltag war für uns alle ein Geschenk.

Dann wurden wir gebeten, für einen Jungen ein Extrakonzert zu geben.

Er saß in einem Isolationszelt im Bett. Sein Vater war bei ihm, bekleidet mit Mundschutz und Kittel.

Wir richteten uns vor seiner Behausung ein und begannen mit einem Lied von Ludwig van Beethoven. Der Bub schaute sehr interessiert zu, aber dann überkam ihn ein dringendes Bedürfnis. Er stand auf, zog seine Schlafanzughose runter und füllte, gekonnt wie Mannecken Pis, im Bett stehend, seinen Nachttopf, ohne uns aus den Augen zu lassen.

Ich kann mich ja zum Glück immer auch mal in meinen Noten vergraben, aber meine Sängerin musste sich schon sehr zusammenreißen, um nicht loszuprusten.

Skurril und berührend zugleich - was für ein Privileg!

Während meiner Live-music-now-Zeit spielte ich manchmal zwei solcher Konzerte pro Woche.

Einmal durfte ich zusammen mit einem Hornisten in einer Alzheimer-Klinik auftreten.

Auf jedem der drei Stockwerke sollten wir einige Stücke zum Besten geben. Da man im Vorfeld immer auch Musik-Empfehlungen von den Live-music-now-Betreuern bekommt, hatten wir passende Schlager aus den 50er und 60er Jahren dabei.

Als wir das Lied „Schenkst du mir Rosen aus Tirol" anstimmten, stand plötzlich eine Patientin auf, sang aus vollem Hals vier Strophen mit richtigem Text und perfekter Melodie mit, setzte sich danach wieder auf ihren Stuhl und versank in ihrer eigenen und, wie uns erzählt wurde, auch komplett sprachlosen Welt.

Welch ein besonderer Moment!

Und noch eine letzte Erinnerung, diesmal an ein Konzert in einem Hospiz.

Ich spielte nur für einen einzelnen Mann. Alle anderen Patienten fühlten sich nicht in der Lage, einem Konzert zuzuhören. Ich fragte ihn, ob er einen Musikwunsch hätte. Und er wünschte sich Musik von Claude Debussy. Zum Glück konnte ich ihm die Arabesque Nr.1 spielen.

Am Ende des Stückes liefen ihm die Tränen über die Wangen, er strahlte mich an, bedankte sich, deutete mit der Hand nach oben und meinte: „Jetzt ist der Weg offen."

Diese vielen Erfahrungen haben mir ein gutes Rüstzeug für mein ganzes Leben mitgegeben.

Äußerlichkeiten

Vor kurzem war ich eingeladen, beim Landeswettbewerb „Jugend musiziert" den Juryvorsitz im Fach „Horn" zu übernehmen.
Bis auf die Tatsache, dass das Instrument Bestandteil meines Nachnamens ist, hatten das Horn und ich vorher keine Berührungspunkte. Aber dies sollte sich erstaunlich schnell ändern.
Nun fragen Sie sich vielleicht, was eine Harfenistin in einer Bläserjury zu suchen hat.
Die Frage ist berechtigt, ich habe sie mir auch gestellt.
Aber, laut Ausschreibung, sollen die Juryvorsitzenden keine Experten im engeren Sinn der jeweiligen Wertungskategorie sein. Man geht davon aus, dass Musiker in dieser Funktion zwei Ohren und ein musikalisches Grundverständnis mitbringen, die sie zu einer neutralen Bewertung der dargebrachten Kunst befähigen.
Außerdem ist der Jurychef eine Art Verwaltungsbeamter – das kann also (fast) jeder machen.
Der Juryvorsitzende moderiert die Wertungsspiele, empfängt, begrüßt und beruhigt die nervösen Teilnehmer, stellt das Programm vor, leitet die Jury- und Beratungsgespräche, rechnet Ergebnisse aus, unterschreibt Urkunden und hält, kurz gesagt, den Laden am Laufen. Und da ich seit 2016 auch Geschäftsführerin des Regionalwettbewerbs „Jugend musiziert" in Südostbayern bin, hatte ich die Ehre, der Jury beim Landeswettbewerb 2018 vorzustehen.
Der Landeswettbewerb von „Jugend musiziert" ist die zweite Stufe nach den Regionalwettbewerben. Nur wer in der ersten Runde einen 1. Preis mit 23-25 Punkten bekommen hat, darf im Landeswettbewerb antreten.

Die Wertungen begannen also und bereits der erste Teilnehmer stellte mich und meine Ohren vor vollendete Tatsachen.

Nach fünf Sekunden Zuhören dachte ich, dass die vor mir liegenden zwei Wertungstage entweder eine Ertaubung oder einen kurzfristig nötigen Kuraufenthalt in absoluter Stille nach sich ziehen würden. Ein Horn und ein begleitender Flügel in einem normalen Klassenzimmer eines Gymnasiums - es war der akustische Wahnsinn. Kurioserweise war es schon beim zweiten Bewerber nicht mehr ganz so schlimm und am Ende des Wettbewerbs, nach dem 35. Teilnehmer, konnte ich sogar immer noch den geflüsterten Bemerkungen meiner Jurykollegen folgen. Es muss eine Blitzevolution mit massiver Hornhautbildung auf meinem Trommelfell gewesen sein.

Die einzelnen Wertungen dauerten, je nach Alter des Teilnehmers, zwischen 6 und 20 Minuten.

Wenn alle Musiker einer Altersgruppe gespielt haben, wertet und berät die Jury, die Urkunden werden gedruckt, signiert und dann, vor meist sehr gespanntem Publikum, verteilt. Wer möchte, kann sich danach noch für ein Beratungsgespräch bei der Jury anmelden. Bei diesen Mini-Coachings sitzen sich Jury und Teilnehmer mit Eltern- und/oder Lehreranhang gegenüber. Hier war mein ganzes pädagogisch-diplomatisches Geschick gefragt. Einer der Juroren, ein sehr netter, pensionierter Orchesterhornist, hatte schon im Juryzimmer über eine Teilnehmerin gesagt, dass sie doch lieber Tuba spielen sollte, weil ihr Mund, seines Erachtens nach, viel zu groß für das kleine Hornmundstück wäre. Dass er das allerdings dem, übrigens mitten in der Pubertät befindlichen, Mädchen im Beratungsgespräch aber direkt ins Gesicht sagen würde, hatte ich nicht erwartet. Er begann mit den Worten: „Du hast so schöne dicke Lippen!"

171

Nicht nur die ihn erwartungsvoll anschauende Hornistin bekam sehr große Augen. Und bevor ich eine Abschwächung formulieren konnte, haute er auch gleich fröhlich den Tipp in den Raum: „Versuch es doch mal mit Tuba!"

Gefrierpunktstimmung! Wer Horn spielt, will nicht Tuba spielen! Ich musste eingreifen!

Mit einem beherzten „Ich fand dein Spiel einfach wunderbar" versuchte ich, ganz Frau und Mutter, die Kurve zu kriegen. Es gelang. Leider war keine Zeit, den Herrn zur Räson zu rufen, bevor sich eine weitere Kandidatin die Kommentare zu ihrem Spiel abholen würde. Schon stand die nächste Jugendliche vor uns.

Meine Kollegen lobten ihren, von uns mit einem 1. Preis ausgezeichneten Vortrag. Das Mädchen strahlte und bekam von Minute zu Minute rötere Backen. Mit ihrer sich ändernden Gesichtsfarbe traten aber leider auch die zahlreichen Aknepickel deutlicher hervor. Dies verleitete den geschätzten Orchesterhornisten am Schluss des Gesprächs zur Frage des Tages: „Hast Du jetzt plötzlich Masern bekommen?"

Und da soll man ernst bleiben.

Ich fuhr ihm mit einem entschuldigenden „Männer haben manchmal einfach keine Ahnung" über den Mund.

Als ich ihn hinterher interviewte, ob er schon mal davon gehört hätte, dass weibliche Pubertiere vor allem in Bezug auf ihr Äußeres höchst sensibel wären, entschuldigte sich der gute Mann mit einem „Ich habe nur Jungs und die sind schon groß."

172

Frau Dr. Harfe

Bei einer vormittäglichen Beerdigung spielte ich gerade ein schönes Stück, als es auf einmal einen lauten Schlag gab. Fünf Meter links von mir lag ein schlaksiger Jugendlicher der Länge nach auf dem Steinboden.

Keiner rührte sich.

Ich stellte die Harfe hin, rannte zu dem stöhnenden Knaben, drehte ihn um und herrschte die Leute an, ihm doch mal die Füße hochzunehmen und ein Glas Wasser zu holen. Er blutete, die feste Zahnspange hatte ihm zwar die Lippe geschlitzt, aber vielleicht vor einem Zahnausfall bewahrt.

Drei Männer trugen den Burschen hinaus. Die Beerdigung ging weiter.

Als ich den Gottesdienst dann mit meinem letzten Harfenstück beendete, stand eine Dame vor mir und flötete: „Sind Sie Ärztin?"

„Äh, nein!"

Um in einem so klaren Fall einfach mal hinzulangen, muß man doch nicht Medizin studiert haben.

Am nächsten Tag, ein Konzert mit Orchester in einem Kloster. Ich spielte als Solistin, als es wieder Gerumpel gab. Diesmal verabschiedete sich eine junge Geigerin hinter mir in eine sanfte Ohnmacht. Ich hoffte doch sehr, dass das nicht eine unmittelbare Reaktion auf mein Spiel war ...

Auch hier half ich gerne und zupfte nach der kleinen Unterbrechung mein Solostück zu Ende.

Es war Advent, und so stand am nächsten Tag ein weiteres Konzert auf meinem Plan.

Diesmal in meiner Lieblingskirche.

Weil mir diese Störungen in den letzten Tagen doch etwas an die Nerven gegangen waren, begrüßte ich mein Publikum mit den Worten:

„Falls es Ihnen heute im Konzert schlecht werden sollte, dann legen Sie sich bitte gleich hin. Ich bin zwar, entgegen anderer Meinungen, keine Ärztin, aber Sie können sich sicher sein, dass ich mich um Sie kümmere, sollte Ihnen ein derartiges Missgeschick passieren!

Ich habe mein Ohnmachts-Helfersyndrom über die Jahre perfektioniert! Zur Not mittlerweile auch in englischer oder französischer Sprache."

Starkstrom

Es gibt eine Kulturlandschaft in Deutschland, mit der ich bis heute auf Kriegsfuß stehe.

Entweder hängt dort mitten in der Nacht unser spuckendes Kind am Autofenster und verteilt routiniert die eben gegessene Bolognese in der Landschaft. Der Grund dafür ist die plötzlich und völlig unangekündigte Sperrung der einzigen großen Bundesstraße mit spaßbefreiter, serpentinenlastiger 40-Kilometer-Umleitung über die Berge und durch die Pampa.

Oder ich finde mich in einem Hotel wieder, das seit 50 Jahren mit demselben abartig scheußlichen Nippes dekoriert ist - ich verschone Sie hier mit Einzelheiten! Aber ich garantiere Ihnen, da würden sich auch Ihre Zehennägel ganz von selbst aufrollen...

In dieser einzigartigen Kulturlandschaft jedenfalls habe ich auch schon einmal im Dezember fürs Fernsehen im schulterfreien Abendkleid um Mitternacht in einem völlig unisolierten Freilichtmuseum gespielt. Umgeben war ich von Kameramenschen mit dicken Daunenmänteln, Mützen und Handschuhen.

Sie verstehen, dass meine Aversion also nicht ganz unbegründet ist.

Welche Gegend das ist, tut hier jetzt nichts zur Sache, aber die Anfrage nach einem Märchenkonzert kam genau von dort:

"Können Sie ein Kinderkonzert mit Märchen?"

"Ja, kann ich!" antwortete ich selbstbewusst und dachte gleichzeitig: „Im Moment kann ich es eigentlich noch nicht, aber bis zum nächstjährigen Sommer wird mir auf jeden Fall etwas einfallen!"

Der netten Dame am Telefon teilte ich diesen Gedankengang selbstverständlich nicht mit.

Ich wollte das Konzert in dem bekannten Festival spielen, alles andere würde sich weisen.

Vielleicht hätte ich mit meiner spontanen Äußerung etwas vorsichtiger sein sollen, denn ab da begann ein 8-monatiger(!) E-Mail- und Telefonverkehr!

Zuerst sollte es ein Märchen mit Sprecher und Harfe sein.

Vorschläge wurden erbeten, diskutiert, verworfen, zurückgeschickt; das gleiche Gedöns um einen passenden Konzert-Termin.

Nach einem Monat sollte es dann auf einmal ein selbstverfasstes Märchen werden.

Kein Problem, ich schreibe ja wirklich gerne und begann mit ersten Überlegungen.

Wiederum einen Monat später, ein neuer Wunsch aus dem Festival-Büro: Lieber doch ein Hausmärchen aus dem Schatz der Brüder Grimm. Dafür dann ohne Sprecher und nur mit Harfe. Vielleicht „Zwerg Nase" oder „Schneeweißchen und Rosenrot".

Drei Monate vor dem Konzerttermin stand dann endgültig fest: Ein selbstgeschriebenes Märchen mit Harfe und mir als Sprecherin!

An Ostern, während eines Fluges nach Mallorca, saugte ich mir in einem Rutsch den Text aus den Rippen.

So ein Billigflug ohne schnöde Essensunterbrechung hat durchaus auch Vorteile.

"Die Schatzsuche zum Harfenberg" war schön geworden - ein fantasievolles Märchen über die Magie der Musik zum Zuhören, Träumen und Mitmachen. Ich war zufrieden, der Sommertermin konnte kommen.

Am Ende des Frühjahrs begann nun die wirklich E-Mail-intensive Phase.

Ich frage mich immer noch, ob in dem Festivalbüro extra eine Sekretärin nur für mich abgestellt war ...

Hier einige Kostproben - und jede davon in einem Extra-E-Mail, jeweils mit Anrede und „Freundlichen Grüßen", Signatur und Pipapo.

„Wäre es Ihnen recht, dass die Bühne 20 Zentimeter hoch ist?"

„Ja, ist mir selbstverständlich recht!"

„Brauchen Sie Hilfe beim Transport?"

„Normalerweise mache ich das alles alleine mit meinem 40-Kilo-Instrument und den ganzen Requisiten."

(Achtung: Dieser Satz sollte noch wichtig werden!)

„Brauchen Sie 220 Volt?"

„Muss ich mich denn verstärken?"

„Naja, das kommt drauf an".

„Ja, und was heißt das? Haben sich andere Musiker verstärkt, ist es eine gute Akustik?"

„Könnten Sie nicht einfach mal vorbeikommen und sich die Location ansehen?

„Nein, das wären 800 Kilometer zusätzlich" (und wie bereits erörtert, fahre ich ja in diese Ecke Deutschlands nur sehr ungern, weil immer irgendetwas hakt).

„Also, man darf ja eigentlich sowieso gar keinen Strom benutzen, weil das ein Naturschutzgebiet ist!"

„Also gut, dann spiele ich unverstärkt."

„Naja, es gab schon Ausnahmen, man könnte auch mit Strom arbeiten."

„Ok, dann ist vielleicht eine Verstärkung für Open-Air nicht schlecht!"

Und dann die Frage der Fragen:

„Brauchen Sie dafür Starkstrom?"

(Bin ich die Toten Hosen???)

Vor dem Konzert waren alle Klarheiten beseitigt, nur ein winzig kleines Detail hatten wir leider übersehen.

Als ich dort ankomme, steht eine ältere Dame vor mir, zeigt mit dem Finger in eine undefinierbare Richtung und meint:
„Ja, die Harfe muss dann dort hin."
Leicht verwirrt folge ich Ihrem Hinweis und werde etwas blass.
„Dort hin" bedeutet im Endeffekt: Zwei Etagen Burgruinentreppen rauf, über eine Wiese, zwei Etagen Treppen wieder runter, über noch eine Wiese, zwei Etagen Treppen wieder rauf, über eine weitere Wiese und dann auf den Burghof. Einen anderen Zugang dorthin gibt es nicht.

Mein „Geht's noch! Das schaff ich ja niemals alleine!" quittiert sie mit einem lapidaren „Ja, Sie haben ja niemanden bestellt für den Transport!"
Großartig.

Wir schauen uns also einmal gemeinsam den kompletten Weg an. Mein Einwand, dass im Moment die fetten Regenwolken am Horizont stehen, eine Regenwahrscheinlichkeit von 55% angesagt ist und dass ich bei einem Platzregen absolut keine Chance habe, die Harfe irgendwo in die einzig übriggebliebene Burgruinenmauer zu retten, beantwortet sie stoisch mit einem: „Wir haben hier vorne beim Parkplatz noch ein Restaurant. Das können Sie dann kurzfristig als Ausweichquartier nehmen. Da müssten wir aber erst noch die Stühle stellen. Aber wir könnten ihnen ja derweil einen Sonnenschirm auf die Bühne bringen."

Bevor ich mich aufrege, ist es mir dann lieber mal wurscht und schon fällt mein Blick auf zwei dynamisch aussehende Touristen. Pech gehabt, Jungs!
Ich frage sie, ob sie sich ein Harfenträgerdiplom erarbeiten wollen und nutze ihre Unwissenheit gnadenlos aus, um ihnen gleich dar-

auf die Harfe in die Arme zu drücken.

Mühsam quälen wir uns über die Treppen und Wiesen. Im Burg-hof auf der 20 Zentimeter hohen Bühne angekommen, sind die beiden völlig am Ende. Aber immerhin ausgezeichnet mit einem Harfenträgerdiplom - wer hat das schon?

Natürlich bin ich noch nicht mit ihnen fertig.

Auf die Frage, ob sie sich auch noch ein Klavierstuhl-und Ver-stärkeranlage-Tragediplom verdienen wollen, machen sie sich schnellstmöglich aus dem Staub. Komisch.

Also laufe ich insgesamt fünf Mal zu meinem Auto. Die eigene Ver-stärkeranlage (extra für dieses Konzert gekauft und laut kompeten-tem Verkäufer garantiert ohne Starkstrom verwendbar), Requisiten für die Kinder zum Mitmachen, Kleid, Klavierstuhl, Videokamera und Notenständer müssen ja auch noch in den Burgruinenhof.

Eine Garderobe gibt es nicht. Aber es gibt eine Lösung! Die Burg-ruinen-Hausmeisterin meinte vorhin ganz pragmatisch: „Sie kön-nen sich gerne vorne im Restaurant am Parkplatz umziehen."

Genau – denke ich mir genervt - und ein siebtes Mal den Wiesen-und-Treppen-auf-und-ab-Weg laufen?! Ich verzichte dankend und wähle einen Busch, um in mein Konzertkleid zu schlüpfen.

Während der Premiere meines Märchens, die wunderbar läuft und beim Publikum glücklicherweise großartig ankommt, streift mich plötzlich ein einzelner Regentropfen.

Das kann jetzt nicht wahr sein!

Ich warte auf den zweiten Tropfen.

Aber: er bleibt aus.

Hinterher erfuhr ich, dass es rundherum wie aus Eimern schüttete. Aber wenn jemand in himmlischer Mission unterwegs ist - und sei es, wie in diesem Fall, um primär Musikmobiliar durch die Gegend

zu schleppen - dann hat der Herrgott auch mal ein Einsehen.
Am Ende meines Märchens heißt es übrigens:
„Von einer goldenen Harfe mit Zauberkräften darf man nur ganz besonderen Menschen erzählen!"
Und da antwortet ein Junge in der ersten Reihe ganz spontan und mit einem Lächeln im Gesicht: „So wie uns!"

Dieser Kommentar versöhnte mich mit der ganzen Situation und ich war mir wieder einmal bewusst, welches Privileg es ist, hauptberuflich zu frohlocken!

Danke, dass Sie bis zum Schluss geblieben sind!
Vielleicht sehen wir uns bei einem Konzert?
Ich würde mich freuen!

Dank

Der größte Dank geht an meine wunderbare Familie Hannes, Amelie und Sophie, die den ganzen Wahnsinn stoisch und liebevoll mittragen.

Ein besonderer Dank an Mami und Papi, die mir erst die Harfe ermöglichten und an meine Geschwister, die jahrelang mein Gezupfe ertragen mussten.

Für so ein Buch braucht es viele Helfer, hier geht ein großes Dankeschön an meine Lektoren Christina Sorg, Holger Meerwarth, Hans Helmberger und Andrea Turban.

Liebe Freunde, die wiederholt Zeit und Hirnschmalz für mich opferten, sind Dr. Martin Fogt, Heidi Oettinger und Ulrike Netzler.

Wie gut, wenn man einen Bruder mit einer Werbeagentur hat! Danke Markus Aichhorn mit seiner Agentur www.kuse.de und hier ganz besonders Verena!

Last but not least:
Das schönste Geschenk 2018 hat mir Axel Brüggemann mit seiner Rezension zu meinem Buch gemacht!

Hörmusik

das kleine feine Harfenlabel von Silke Aichhorn

KAMMERMUSIK

HÖRMUSIK 123
Souvenir du Nord
Erinnerung an den
Norden

HÖRMUSIK 113
Poesie und Ausdruck
kraft – Trompete und
Harfe

CELLO MEETS HARP
Mathias Johansen und
Silke Aichhorn

HÖRMUSIK 112
Instruments de la
Poésie
Duo Flöte-Harfe
Dejan Gavric und
Silke Aichhorn

HÖRMUSIK 110
Spohr-Duo
Violine-Harfe
Ervis Gega und Silke
Aichhorn

HÖRMUSIK 115
Duo Flöte-Harfe
Dejan Gavric und
Silke Aichhorn

**TRIO ARPACANTA-
BILE**
C. Mollnar – Sopran,
E. Neuhäusler – Mez-
zosopran, S. Aichhorn
– Harfe

HÖRMUSIK 126
BACH
Harfe solo, Duo
Flöte-Harfe, Harfe-
Streichquartett

HÖRMUSIK 116
Harfenduo
Regine Kofler und
Silke Aichhorn

HARFE SOLO

HÖRMUSIK 125
Traummusik
Harfenklänge zum
Einschlafen

HÖRMUSIK 111
Miniaturen 2

HÖRMUSIK 122
Miniaturen 4

HÖRMUSIK 108
HARPING ON A
HARP

HÖRMUSIK 118
HARFENKLÄNGE
FÜR DIE SEELE 3

HÖRMUSIK 107
Frühlingsklänge

HÖRMUSIK 117
Miniaturen 3

HÖRMUSIK 106
St. Petersburg –
Paris

HÖRMUSIK 114
Harfenklänge für die
Seele Nr.2

HÖRMUSIK 103
Weihnachtliche
Harfenklänge

HÖRMUSIK 119
Harfenklänge für die
Seele 1-3
Box mit 3 CDs

HÖRMUSIK 104
Harfenklänge für
die Seele

HARFE SOLO

 **HÖRMUSIK 101**
Nachtmusik

 **HÖRMUSIK 105**
Images

 **HÖRMUSIK 109**
Himmlische Harfen-
klänge

 **HÖRMUSIK 102**
Miniaturen I

HARFE MIT ORCHESTER

 **MOZART-CD**
Flöte, Harfe und
Orchester

 **FOUR HARP
CONCERTOS**
Von Ernst und
Jean-Théophile
Eichner

 **DREI KONZERTE**
Johann Wilhelm
Hertel
Weltersteinspielung

 **KONZERTE VON
ERNST VON
DOHNÁNYI**

KINDER-CD

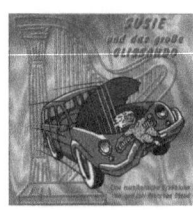 **SUSIE UND
DAS GROSSE
GLISSANDO**

REZITATION MIT HARFE

**DENN ES WILL
ABEND WERDEN ...**
Reflexionen zu Ab-
schied und Ewigkeit

HÖRMUSIK 124
Das Mädchen
mit den Schwefel-
hölzchen

BÜCHER

HÖRMUSIK 127
Frohlocken leichtgemacht!?
Buch
ISBN: 978-3-9817880-4-4

HÖRMUSIK 121
Lebenslänglich Frohlocken
MP3-Hörbuch
ISBN: 978-3-9817880-3-7

HÖRMUSIK 128
Frohlocken leichtgemacht!?
MP3-Hörbuch
ISBN: 978-3-9817880-5-1

Alle CDs und Bücher können Sie online unter
www.silkeaichhorn.de bestellen
oder rufen Sie mich einfach für eine Bestellung an.
Außerdem sind die Einspielungen im Handel erhältlich.
Größere Stückzahlen zu Sonderkonditionen bitte auf
Anfrage.

Silke Aichhorn · Mobil: + 49 171 416 61 60 · E-mail: Silke@aichhorn.de

8. Auflage 2023
© 2019 by Silke Aichhorn · Verlag HÖRMUSIK
Schloßstraße 1 · 83278 Traunstein

Umschlagfoto: Markus Aichhorn
Satz und Gestaltung: Kuse Werbeagentur, Traunstein www.kuse.de

Lektorat und Korrektorat:
Christina Sorg www.korrektur-for-you.de
Holger Meerwarth www.mediavisionen.com
Hans Helmberger
Andrea Turban

Printed in Poland

ISBN 978-3-98178-802-0
e-Book: 4260106090343

Silke Aichhorn
Harfenistin
Schloßstraße 1
D-83278 Traunstein
silke@aichhorn.de

www.lebenslänglich-frohlocken.de
www.silkeaichhorn.de